Über dieses Buch:

Der Harz: Mythen, Hexen, Prominenz, ein romantisches Abenteuer. Das war schon zu Zeiten von Heinrich Heine so. Doch was kommt dabei heraus, wenn man Heines Erzählung und seine Sichtweise in die Gegenwart überträgt? Eine völlig verrückte Geschichte. Eine Reise, die sich beim Schreiben selbständig macht und zu einem Abenteuerroman emanzipiert. Einem Roman, in dessen Anspielungen, Satire und Ironie eine tiefere Bedeutung steckt. Heine hätte bestimmt seine Freude daran gehabt.

Frank Barsch

Harry, der Sommer und ich

Eine abenteuerliche Harzreise

Roman

Lothar Seidler Verlag, Heidelberg

Einbandgestaltung: Lea Weber-Schäfer
Druck: besserbuecher, Leipzig

ISBN 978-3-931382-65-0

Cerco l'estate tutto l'anno
e all'improvviso eccola qua

Vito Pallavicini

Das ganze Jahr such ich den Sommer
und dann wie aus dem Nichts ist er da.

Die Rätsel einer Reise

Der Harz! Unendliche Weiten. Ein gewaltiges Abenteuer. Wer hätte das gedacht? Und eine Geschichte über eine Geschichte. Aber lassen Sie mich mit dem Anfang beginnen: Ich arbeite für einen kleinen unabhängigen Verlag. Dort lagen diese erstaunlichen Beschreibungen einer Reise auf einem der täglich schneller wachsenden Stapel aus Manuskripten.

Der Titel machte mich neugierig. Als ich die Geschichte gelesen hatte, wollte ich wissen, wer sich dahinter verbarg und verabredete mich mit dem Autor in einem Café. Der große, nicht mehr ganz junge Mann hörte sich meine Begeisterung mit einer Mischung aus Genugtuung und Misstrauen an. Nach einer Weile unterbrach er mich höflich. Es gebe da ein Problem. Er habe sich entschlossen, die Geschichte nicht zu veröffentlichen. Er bedauerte, dass er mir möglicherweise unnötige Arbeit verursacht habe, stand auf und schickte sich an zu gehen.

Ich schluckte meinen Ärger hinunter, bat ihn, sich wieder zu setzen und sich das vielleicht noch einmal zu überlegen. Dann bot ich all meine Überredungskunst auf, um ihn umzustimmen. Die Leser, sagte ich schließlich, hätten ein Recht auf diese Geschichte. Er winkte ab und über sein Gesicht huschte ein spöttischer Ausdruck. Nein, sagte er, sein Entschluss stehe fest.

»Da kann man wohl nichts machen«, räumte ich vorsichtig ein. »Verraten Sie mir trotzdem, warum Sie diese Geschichte geschrieben haben?«

Er zögerte eine Weile, dann begann er zu reden.

»Die Antwort ist nicht ganz einfach. Vielleicht, weil ich es erlebt habe. Doch das wird sowieso niemand glauben.« Er unterbrach sich und lächelte. »Das Erleben ist das eine und das Schreiben darüber etwas ganz anderes. Eine Geschichte zu erzählen, ist wie eine Reise zu machen. Man weiß am Anfang nicht, ob man am Ende noch der ist, der aufbrach. Geschichten und Reisen, da gibt es ein gewisses Risiko ... Aber gut, Ihre Frage. Ich hatte geplant, die Geschichte mit einer wuchtigen Ouvertüre zu beginnen. Alle Themen sollten kurz angespielt werden. Auch Heinrich Heine, an dessen Reisebild ich mich orientiere, ist ja gleich mit allen möglichen Türen ins Haus gefallen. Heute hingegen sieht es so aus, als würde man nur noch einrennen können, was längst sperrangelweit offen steht.«
Der Ausdruck des Mannes veränderte sich, als wäre er mit dem Erzählen in sein eigentliches Element eingetaucht. Hin und wieder nickte ich ihm zu, und hoffte, dass er seine Meinung ändern würde.
»Schon nach den ersten Zeilen hatte ich grundlegende Zweifel. Ist das denn überhaupt eine Zeit für Heine? Wir leben in einer Demokratie mit flachen Hierarchien. Eine Zensur findet nicht statt. Hier kann jeder sagen, was er will. Den Kopf wird es nicht kosten. Höchstens den Job oder das Ansehen. Aber mal ehrlich: das Ansehen ... Wen interessiert das?«
»Heine«, wandte ich ein, »ist so aktuell wie lange nicht mehr. Die Parallelen sind nicht wirklich beruhigend, aber man liest ja nicht, um sich zu beruhigen.«
Er nickte, wie jemand, der eine lange Phase der Unsicherheit hinter sich hat, und fuhr fort: »Es geht in meiner Harzreise natürlich nicht nur um Heine. Ich versuche mal, es mit einer allgemein bekannten Vorstellung zu erklären:

Diese Möhre, die vor unserer Nase baumelt, an einem Stab, der an unserem Nacken befestigt ist. Und es geht um den Kopf, den wir auf diesem Nacken balancieren, mit einem Weltbild, von dem wir denken, dass es das eigene sei.«
Er machte eine kurze Pause. Vielleicht hatte ich ihn irritiert angesehen.
»Entschuldigen Sie«, fuhr er fort, »Möhre und Nase, das ist natürlich total antiquiert und obendrein ein schiefes Bild, fast eulenspiegelhaft. Wer hat denn diesen Stab an unserem Nacken befestigt? Müssten es, gemessen an unseren Wahlmöglichkeiten, nicht auch unzählige Möhren sein und unzählige Stäbe?«
Es kam mir vor, als rede er mit sich selbst.
Er winkte ab. »Ein Leitmotiv, eine zeitgemäße, universelle Metapher, dachte ich, wäre schön. Und ich fand sie im neunzehnten Jahrhundert: Die Golddublone, die Kapitän Ahab für denjenigen an den Mast genagelt hat, der als erster in der Ferne den weißen Wal sieht.«
Ich hatte das Gefühl, er würde immer weiter abschweifen.
»Das ist das Thema Ihrer Geschichte?"
Er zuckte mit den Schultern. »Beim Schreiben passieren unvorhergesehene Sachen. Auf einmal ist da diese Metapher. Ich glaube, ich habe die Frage nach meinem Verhältnis zu Heinrich Heine anfangs nicht richtig gestellt."
Ich verstand nicht so recht, worauf er hinauswollte, nickte aber, um ihn zum Weiterreden zu animieren.
»Also gut«, sagte er, hob den Kopf und schaute mich einen Moment herablassend an: »Noch mal von vorn, schneller und etwas moderner: Ouvertüre, Themen, Metaphern, das Weltbild, die Schere im Kopf, der Weiße Wal. Was ist Ursache und was Wirkung? Gestern Rolling Stones, heute

Müdigkeitsgesellschaft. Die Zukunft ist leer. An den Masten der Feuilletons und Start-ups funkeln die Goldstücke. Überall Leuchttürme, aber kein Horizont, kein Limit, kein Himmel. Und trotzdem hundert Arten mitzumachen, für Sie und für mich. Vielleicht meldete sich bei mir deshalb der Gedanke, wegzugehen, täglich lauter zu Wort: *There's a feeling I get when I look to the west.* Der Jakobsweg zum Beispiel, ganz groß: der Weg zu dir selbst! Aber mal ehrlich. Wo führt dieser Weg eigentlich hin?«

»Von Heines Harzreise«, hakte ich ein »kennt man heute doch nur noch den Titel. Kaum einer hat sie gelesen. Mit Ihrer Neufassung würden Sie auch dem Original eine Ehre erweisen.«

Er sah mich enttäuscht an.

»Heine", griff er den Faden zögernd auf, »die Zeit der großen Restauration. Die Geschichte hat den Rückwärtsgang eingelegt. Und da flickt dieser unverschämte Heine einen Text aus ganz unterschiedlichen Elementen zusammen, verschlüsselt und verfremdet. Wahrscheinlich wusste er schon, wohin ihn sein Mangel an Unterwürfigkeit und seine Kunst, jede Borniertheit durch den Kakao zu ziehen, einmal führen würde.«

»Auch Heine erweisen Sie mit Ihrer Geschichte eine Ehre«, versuchte ich es erneut.

Er betrachtete seine feinen, kräftigen Hände, die vor ihm auf dem Tisch lagen. »Ich habe mich irgendwann gefragt, an was ich wirklich denke, wenn ich schreibe. Ging es mir nicht nur um Aufmerksamkeit? Von wem wollte ich die haben? So ein kleiner Skandal, dachte ich, ein netter Tabubruch, das wäre schön, das wäre Treibstoff für den Verkauf. Sie wissen das besser als ich: Anerkennung und Einnahmen liegen dicht beieinander. Die Dublonen heißen Ruhm und Erfolg.« Er hielt kurz inne. »Mein Rentenbescheid spricht eine deutliche Sprache. Ich bin ein armer Hund, den seine Kunst nicht satt macht. Das ist kein schönes Leben und es drückt seinen Stempel in den Stoff, den man Seele nennt. Bald bin ich alt. Ich dachte, ich bräuchte das Geld. Stipendien, Verfilmung, Preise und Einladungen mit üppigem Essen und guten Getränken! Vielleicht würde es mit Plagiaten klappen und falschen Zitaten, mit Feuchtgebieten in Clausthal, Götterlästerungen in Goslar, Tolkien am Torfhaus. Auf dem Brocken dann: fünfzig Schattierungen Grau!«

Er verstummte und schaute mich eine Weile neugierig an. »Die Bedeutung dieser Geschichte liegt für mich ganz allein darin, sie geschrieben zu haben. Sie haben das gespürt. Darum sind Sie hier.« Er stand auf, machte einen Schritt Richtung Tür und drehte sich noch einmal um. »Ich schenke sie Ihnen.«

Dann ging er weg.

Lange kam mir sein neugieriger Blick nicht aus dem Sinn. Und es dauerte eine Weile, bis ich sein Geschenk verstand.

Inhalt

Alu-Felgen, Ledersitze,
Weiße Westen auf Banketten,
Falsche Töne, Lebenslügen –
Ach, wenn sie nur Herzen hätten!

Herzen in der Brust, und Liebe,
Warme Liebe in den Herzen –
Mich ermüdet dieses Streben
Für erdachte Luxusschmerzen.

Wie sie rasen, wie sie sprinten,
Haben Angst und gehn voran,
Haben dieses Ziel vor Augen,
Das ein schlauer Kopf ersann.

Jeder soll ein andrer sein,
Wie er ist, so ist er schlecht.
Schnelle Schule, Uni, schaffen,
Auf dich selbst hast du kein Recht.

Lass uns sanft die Kurve kratzen.
Ich bleib ich, und du bist du.
Wo der Himmel uns behütet,
Frei von Gott, ja ... dubidu.

1.

Wie Gott nur soviel Lumpenpack erschaffen konnte

Eine Reise, viele Fragen. Und Antworten, die beim Gehen entstehen. Vielleicht. Der Harz. Was könnte eindeutiger sein? Mein Entschluss steht fest.

Eins ist sicher: Ich habe es leichter als Heine. Ich starte meine Reise früh morgens in einer Stadt, die sich bemüht, bei ihrer Außendarstellung den romantischen Aspekt und ihre geistige Tradition in den Vordergrund zu rücken. Mittags werde ich am Harz sein und abends durch die kühlen Täler bei Osterode wandern. Aber warum nicht gleich hier beginnen? Eine Stadt, berühmt durch ihre Parkhäuser, eine Ruine und die Universität. Über alles, was unbeweglich ist in dieser Stadt, herrschen die Investoren, Erben, Immobilienhändler und Bauunternehmer. Jeder Quadratmeter Boden wird mit Gold aufgewogen. Nur ab und zu zeigen glatt ins Pflaster gesetzte Blöcke aus Messing, wem diese oder jene Kostbarkeit einmal gehört haben könnte.

Wie sollen bei diesen Mieten die Gedanken frei und der Geist lebendig bleiben? Studenten sind damit beschäftigt, in den Cafés Milch aufzuschäumen. Drei Milliardäre gelten als leuchtende Vorbilder. Ein Goldstück glänzt wie eine zweite Sonne über der ländlich schönen Stadt, die eingebettet liegt in liebliche Berge, überzogen von grünem Filz mit einem Stich ins schwärzeste Schwarz. Selbst der Bürgermeister gehört irgendwem anders. Die Universität

leitet ein Rektor mit dem Namen Elite. Erkenntnis und Interesse liegen zusammen im Bett, und die Erkenntnis hat den Kopf so tief in einen Teil des Interesses gesteckt, dass man der Stadt, dem Land, ja dem ganzen Erdteil den Rücken zuwenden möchte. Und die Kultur, die Kreativen, die Intellektuellen? Nicht zu sprechen, beschäftigt mit der Suche nach neuen Sponsoren.
Es ist viel passiert seit Heines Harzreise, eine ständige Achterbahnfahrt. Steuern wir gerade auf einen Tiefpunkt oder einen Höhepunkt zu? Der Dax jagt seinen eigenen Schatten. Neun-, zehn-, elf-, zwölftausend! Nach den Leerverkäufen sprudelt aus allen Quellen das Geld. Soll man das System gefährden? Da muss eingeschritten werden: Der Gewinn, der bleibt privat, die Verluste kauft der Staat ... Und auf diesen Schatten werfen Gedanken, von denen wir dachten, dass sie nie wieder gedacht werden können, neue Schatten.
Ja, das Rad der Fortuna dreht sich. Occasio blinzelt dir zu. Verzeihung, das ist jetzt Barock. Sie, die Leserinnen und Leser werden Romantik erwarten. Vielleicht lasse ich diese unangenehmen Allegorien lieber fallen. Schließlich leben wir in der besten aller Welten. Also: Ich gehe. Am Mast einer Laterne hängt ein vergessenes Plakat. Darauf als Symbol ein fast schon unanständig zu nennender Pfeil. Und der Pfeil zeigt nach oben, wie alle guten Pfeile immer nach oben zeigen. Nach oben und nach rechts.

Es ist Zeit. Der Bahnhof ist nicht groß. Ihn füllt das Rattern tausend kleiner Rollen. Im Rhythmus aus Fugen und Schritten spielen die Koffer ihr Lied, taka tak taka tak. Und die, die sie ziehen, halten den Blick auf ein Display gesenkt, als würden sie beten. Wie einfach das einmal war:

Ein Stein, ein Berg, und trotzdem konnte man sich Sisyphos als einen glücklichen Menschen vorstellen. Auf dem Weg nach unten war er selbst für die Götter nicht zu erreichen.
Aber gut, lassen wir das.
Die Entscheidung über die Mitreisenden fällt mit dem Preis: ICE oder IC, Flex- oder Sparpreis, Bus oder Mitfahr-App? Ich reise mit Komfort. Jemand, der es innerlich so viel schwerer hat als andere Leute, hat einen gerechten Anspruch auf ein wenig äußerliches Behagen.
Schnaubend schließen die Türen. Ein paar Verse gehen mir durch den Kopf: *I am the passenger.* Die Sitze bequem. Klimaanlage. *I look through my window so bright.* Der Juni, kirschrot, in einer dösenden Landschaft. *And I ride and I ride.* Dicht über den Feldern scheint es, als gingen Himmel und Erde nahtlos ineinander über. *Yeah the bright and hollow sky.* Ganz oben ist das Blau so fahl, dass sich die Kondensstreifen der Flugzeuge kaum abheben können. *La la la la lalalala.*
In der Nähe von Kassel muss ich umsteigen, auf einem Bahnhof, der einer Raumstation gleicht. Hier, ganz in der Nähe, liegt Erdmann, des Kaisers Dackel in seinem fürstlichen Grab, und weiter unten in der Stadt hat man sich lange über zwei einfache Sätze gestritten: Ich bin ein Fremdling gewesen und ihr habt mich beherbergt. Dann ist etwas Schlimmes passiert. Das alles und noch viel mehr geht mir durch den Kopf, während ich auf dem Bahnsteig auf und ab gehe. Es ist warm. Über dem Land schwebt die Golddublone, gerahmt von einer Schwarzen Null.
Mein Zug fährt ein.
»Zweihundertsechzig«, sagt der tänzelnde Schaffner, beugt sich zu mir herunter und haucht mir verschwörerisch

zu: »Wir fahren elektrisch. Wir brauchen dafür keinen einzigen Akku, und keinen Parkplatz. Wir könnten auch pünktlich sein. Aber das ist vielleicht gar nicht erwünscht. Denn die Bahn gehört ja uns allen.«

Die Füße der Frauen

In Göttingen springe ich geimpft mit dem Tempo des Zuges auf den Bahnsteig und strebe mit dynamischen Schritten auf ein erfolgversprechendes Ziel zu. Es muss, denke ich, etwas geschehen. Energisch durchquere ich die Halle, und während ich ständig und unbändig laut »ich muss handeln« denke, stehe ich plötzlich im Freien, in der Hitze der Steinplatten, über mir nur der Himmel. Für einen Augenblick ist mein Kopf erfreulich leer. Auf dem Platz vor dem Bahnhof ein paar Typen, die in der Sonne über einem Bierkasten dösen. Ihr Zug scheint abgefahren zu sein. Glänzende Kronkorken liegen um sie verstreut, wie ein magischer Kreis, über dem flirrend Hitzewellen und Wörter aufsteigen:

Komm in den überbauten park und schau:
Das lächeln abgerissener visagen.
Der sommertrinker unerfülltes blau
Bewölkt sogar an letzten junitagen.

Die flaschen glänzen gleich. gekrönt von weißem schaum
Beim schlucken kippt der blick. blüten wehn vom baum.
Die säufernasen welken fast schon elegant
Hier lehnt man unverblümt den rücken an die wand.

Die penner die den vorplatz schräg verzieren
Mit spannungsloser attraktivität
Murmeln nur »prost« als ihre sonne niederschwebt
Die sintflut werden sie nicht produzieren.

Ich bin jetzt hier. Das ist der Bahnhof, dort liegt die Stadt. Das Tourismusbüro, leider geschlossen. Im Fenster Werbung für Erlebnistage im Umland. Nun gut, Göttingen liegt an der Leine. Wem die Stadt gerade gehört, weiß ich nicht. Hier gab es einen, der Sudelbücher schrieb, die Göttinger Sieben und einen Studenten namens Bismarck. Später sang Barbara ein bezauberndes Lied und irgendwer empfand eine klammheimliche Freude. Aber es wurden auch fleißig Organe verpflanzt. Das ist doch alles sehr schön. Nur ein gewisser Hirnforscher, heißt es, gehe hier vielen total auf den Geist.
»Ey Alter, haste ma fuffzich Zent!«
Vor mir ein höflicher junger Mann mit einem großen weißen A auf der schwarzen Lederjacke. Diese Bescheidenheit, denke ich, wird ihn direkt in die Altersarmut treiben. Ich drücke ihm fünf Euro in die Hand und er kehrt beschwingt tänzelnd zu seiner Bezugsgruppe zurück. Und ich? Ich gehe. Ich gehe den Weg, den ich gehen muss, ein wenig nachlässig vielleicht, vor mich hin pfeifend, und blicke mit seitwärts geneigtem Kopf ins Weite. Und wenn ich irregehe, so geschieht es, weil es für etliche einen richtigen Weg überhaupt nicht gibt.
Sie haben das Zitat natürlich erkannt, Autor, Epoche, Werk, die Figur. Sie haben sich eine Anerkennungs-Dublone verdient zwecks weiterer Lesemotivation. Quiz-Prinzip. Man müsse, heißt es, beim Schreiben permanent an die Leser denken, die Blogger, Influencer, Kritiker, die

Drucker, Lektoren, Agenten, Häuser, Kredite, Garagen. Ein falscher Satz und hundert Arbeitsplätze sind futsch. Eine gewaltige Verantwortung. Ich kann freilich nicht sagen, ob es besser werden wird, wenn es anders wird; aber soviel kann ich sagen, es muss anders werden, wenn es gut werden soll.

Irgendwann wird jemand eine App entwickeln, mit der man alle Sätze, die nicht von mir stammen, hervorheben und verlinken kann, so dass es auch möglich ist, in die anderen Geschichten einzutauchen. Nun gut. Göttingen. Wie geht es weiter? Da ich, anders als der pfeifende Tonio Kröger, ein Ziel habe, entschließe ich mich, die Straße nach Norden zu nehmen. Innerhalb der Wälle und Stadtmauern schauen mich die Fachwerkhäuser schräg an. An einem Brunnen in der Fußgängerzone warte ich, bis meine Seele ihren Körper vollständig eingeholt hat. Nebenbei kann ich prüfen, ob die Göttingerinnen wirklich auf den Füßen leben, über die Heine eine Abhandlung plante, aber nicht abfassen konnte, weil er kein genügend großes Papier für Faksimiles fand. Wir können sagen, die Göttingerinnen haben Füße, aber auch Waden, Knie, Schenkel und ... es ist Sommer.

Göttingen war eine Universitätsstadt von Welt, und Heine, so heißt es, habe ihren Ruf ruiniert. Juristen, Mediziner, Pädagogen und Germanisten, alle mit einem Kaffeebecher in der Hand, streben an mir vorbei Richtung Powerpointpräsentation. Was hat das zu bedeuten? Das Goldstück! Der springende Brunnen. Mutabor. Ich sehe einen Studenten in einem riesigen altmodischen Hörsaal vor einer unendlichen Tafel. Die Sitzbänke sind bis auf den letzten Platz gefüllt und reichen bis an die Decke. Von ganz oben schaue ich auf den Studenten herab. Das bin ja ich! Hier

läuft eine Prüfung, eine Rechenaufgabe. Aber ich habe doch Sprachen studiert! »Wie«, fragt eine strenge Stimme, »berechnet man Bildung?«
An der Tafel steht »Workload«. Ich beginne zu rechnen. Mir rinnt der Schweiß über die Stirn, Kreidestaub hüllt mich ein. Ich stehe bis zu den Knien in Pappbechern, der saure Geruch von kaltem Kaffee liegt in der Luft. Weil die Tafel, während ich schreibe, immer wieder nach unten rutscht, muss ich sie mit der freien Hand bremsen. Ich kürze die Standpunkte heraus und multipliziere Module und Kompetenzen mit dem Geist von Bologna.
»Work« ergibt »Arbeit«, »Load« ist gleich »Last«. Die Zuschauer murren und es hört sich wie Zustimmung an. Ich subtrahiere die Evaluationen und den Anpassungsdruck. Das war ein Fehler. Mein Kreidestück verwandelt sich in eine Schlange, aber ich schreibe weiter. »Arbeit« = »Mühsal und Plage«, »Last« = »etwas, das den Menschen seelisch bedrückt«. Das Murren wird stärker. Aber ich kann nicht mehr aufhören. Das ist die Lösung der Gleichung: »Workload« = »mühselige Plage«.
Auf den Bänken über mir hocken die Exzellenzen und Paradigmen und scheinen sich prächtig zu amüsieren. Wie Gott nur soviel Lumpenpack erschaffen konnte. Die Paradigmen erheben sich, beginnen zu tanzen, drehen sich um die Exzellenzen. Jedes Paradigma eine eigene Theorie, jede Exzellenz eine eigene Wahrheit aus Steuergeldern, Drittmitteln und Spenden. Ein Pedell packt mich am Arm. »Ey Alter, die Credits!« »Ich brauche kein Geld«, antworte ich, und da er mich verblüfft anschaut, füge ich hinzu: »Ich glaube an nichts.« Er packt mich fester. »Credits! Die Credits!« Vier kugelrunde blaue Augen schauen mich an. Drumherum eine Sommersprossenwiese. Eingerahmt von

semmelblondem Haar. »Zwillinge«, denkt es ganz langsam irgendwo in mir drin. Der eine zupft mich am Arm. »Bist du ein Penner?« »Leon!«, höre ich eine bezaubernde Stimme, und die zarte Hand einer Göttingerin packt den Jungen an der Schulter, dreht ihn weg, und mir bleibt nichts anderes übrig, als ihren nackten Füßen nachzuschauen, die bei jedem Schritt elegant die Sandalen an die Fersen klatschen und zwischen den vielen anderen Füßen in der Fußgängerzone verschwinden.
Ein kurzer Schlummer. Der Sommer, die Schwüle, das Plätschern des Brunnens. Ich fühle mich plötzlich taufrisch. Warum bin ich in Göttingen? Weil ich dann mal weg bin? Nein, weil ich jetzt hier bin.

Idyllen, von denen Geßner nicht singt

Das Leinetal ist vollgestopft mit der A7, der ehrwürdigen B3 und einer Reihe von Bahnlinien. Heines Spuren auf der Chaussee nach Bovenden liegen plattgewalzt unterm Asphalt. Ich beuge mich den Verhältnissen und trampe. Das A und O ist die richtige Stelle. Kein Problem, denke ich, jahrzehntelange Erfahrung. Am besten man tut so, als stünde man nur zum Spaß an der Straße. Ein Gesicht, auf dem sich Bedürftigkeit breit macht, bringt einen nicht weiter.
Ob die Vögel freudig singen, kann ich nicht sagen. Nicht Zuckererbsen für jedermann hat es geregnet, sondern Pferdestärken. So wunderschöne Maschinen, die glänzend und kraftvoll Frischluft verströmen. Je größer das Auto, desto frischer die Luft, so haben es unsere Politiker weise entschieden. Abgemacht, zugelassen, brummbrumm. Und in

den Autos? Das Volk, der große Lümmel. Am Rand der Straße ich. Die Sonne schon im Zenit. Ein Hochsommertag mitten im Juni. Die Landschaft vergilbt wie ein altes Foto.
Mit jeder Blechstaffel, die eine Ampel an mir vorbeischickt, wächst ein wenig der Groll. Anders gesagt, die Wut auf mich selbst. Weil ich hier wie ein alter Depp aus einer anderen Zeit an der Ausfallstraße stehe und die verpestete Hitze atme. Aber, bekanntlich, die Hoffnung, na ja. Der dümmste Spruch aller Zeiten. Vielleicht hält ein offener Wagen und eine Frau mit kupferfarbenem Haar fragt, ob ich mitfahre, nach Rauschenwasser zu den Myrtenlauben und im Schatten ...

»Was willstn im Harz?« Mein Fahrer trägt eine von diesen Frisuren: oben Haare, an der Seite rasiert. Vokuhila verkehrt, denke ich. Er tritt aufs Pedal, die Beschleunigung drückt mich in den Sitz. »Tote Bäume angucken? Nur alte Leute da. Ey Mann ey, ich bin abgehauen. Ich sollte Koch lernen. Nur Arschberufe gibt es im Harz. Kellner und Koch. Tote Hose, da ist nichts los, außer Omas und Opas. Da gehst du ein wie ne Primel. Jajaja, nette Gegend, von wegen. Du hast den einzigen schönen Tag des Jahres erwischt. Sibirien, sag ich dir.«
Beschleunigen und bremsen im Takt der Ampeln. Ein Schild weist auf den Friedhof Junkerberg hin. Da liegen also die Hoffnungen der schönen Europa begraben. Bovenden fliegt vorbei. In Nörten hätte ich gern nach einem Wirtshaus an der Hauptstraße gesucht. Baustelle, die Straße nach Sudheim gesperrt, Umleitung über Northeim. Einkaufszentren, McDonald, Fitnessstudio, Autohändler: Northeim könnte überall sein. Eine Unterführung macht

einen kleinen Bogen ums Zentrum der Stadt, in dem es ein Gasthaus zur Sonne gegeben haben muss. Ampel, rechts abbiegen, Stau, Ampel, links abbiegen, Landstraße. Vor uns das Tal der Rhume. Eine ganz andere Offenheit als an der Leine. Wir haben, ohne es zu bemerken, etwas überschritten. Den Rand vom Rand. Das große Rauschen des permanenten Feedbacks ist fast schon verstummt. Vielleicht gibt es noch etwas, was der Mensch nicht gestaltet. Gleich wird es gebirgig, hier und da fliegen schöne Anhöhen vorbei, und geradeaus locken die dunklen Schattenreihen des Harzes. Der Himmel, die Wolken, das Licht. »Ich arbeite in Braunschweig. Soll mal einer mit dem auskommen, was ich verdiene. Hab mal ne Frau und zwei Kinder. Ich sag dir ... Tja, wenn du Ruhe haben willst, ist es vielleicht ganz gut im Harz. Aber dahin in Urlaub. Mann, ich kann mir was besseres vorstellen. Da vorne lass ich dich raus. Machs gut Alter, bleib fruchtig. Und pass auf dich auf, im Harz weiß man nie.«

Ich gehe. Ein Kobold hat sich auf meinen Rucksack gehockt und drückt ihn nach unten. Gar nicht so unwahrscheinlich, denke ich, dass Heine genau diese Straße genommen und seinen Fuß auf einen dieser alten Steine gesetzt hat. Das gelbe Reclamheft und die Landschaft halten die Verbindung aufrecht. Leider kann ich nicht von Milchmädchen und Eseltreibern berichten, von Frauenzimmern, die Singvögel zu Markte tragen. Was Heine sah, ist heute nur noch ein Gefühl, eine Stimmung. Und ich weiß nicht, ob ich dazu nicht unfreiwillig romantisch glotze, und ob diese Stimmung tatsächlich meine eigene ist. Vielleicht, denke ich, könnte ich eine Heine-Formel entdecken, und mit deren Hilfe sein Schreiben in die

Gegenwart transportieren, unter Berücksichtigung des Spott- und Sprunghaftigkeits-Faktors. Ja, das Goldstück, denke ich. Die Sonne brennt auf mich nieder.
Ein Einheimischer auf einem Mofa knattert durch meine Meditation. Zweitaktgeruch: anderes Jahrzehnt, ja, anderes Jahrhundert, was sage ich, ein ganz anderes System. Wie lange stehen die Bäume schon an dieser nach Osten führenden Allee? Ein Tunnel aus Grün, der an einen Ort führt, den jeder kennt, an dem aber bisher niemand war.
Direkt neben der Straße beginnt eine Treppe, ändert nach ein paar Metern die Richtung und verschwindet zwischen Büschen und Bäumen. Die Steinstufen wacklig, das Eisengeländer rostig und schief. Wie die Zeit jeden Rechten Winkel verschiebt und verzieht. Ein Geheimnis, das ich nicht einfach links liegen lassen kann. Ich steige hinauf, Stufe um Stufe, gewinne an Höhe und Ausblick, ein Klosterhof, eine Kirche, finde mich wieder im Hof einer Burg. Hier ist schon im Mittelalter etwas passiert. Vielleicht gibt es Geister. Es ist heiß. Eine Bank! Ich schlenkere den Rucksack auf die Erde und setze mich in die Aussicht, die weit über das in allen denkbaren Grüntönen schimmernde, aus glatt geschliffenen Hügeln bestehende Vorland reicht. Am Horizont, lang hingestreckt, gekrönt vom dunkel drohenden Brocken, das Urgebirge: der Harz.
Irgendwie, denke ich, geht es nicht richtig vorwärts. Es ist schwül, alles strengt an. Während ich so vor mich hin hadere, setzt sich ein dünner Glatzkopf mit schwarzrandiger Brille und rotem Schlips neben mich auf die Bank.
»Das, was Sie vorhin über die Authentizität von Stimmungen und Gefühlen dachten, sollten wir noch etwas vertiefen.«
»Klar«, antworte ich und starre ihn an. »Wahrscheinlich

träum ich schon wieder.«
»Nein, Sie sind wach, vielleicht nicht hellwach, aber wach.«
»Dann ist ja alles in Ordnung.«
»Nein, nichts ist in Ordnung. Moderne Mediengesellschaften thematisieren sich immer mehr durch Affekte und Affektassoziationen.«
Ich schaue ihn an und bemühe mich um einen fragenden Blick. Trotz der Hitze trägt er einen Anzug. Elegant. Nicht ganz billig. Aber woher weiß ich, dass der Mann ein Professor ist?
»Es geht«, fährt er fort, »wie Sie längst selbst gemerkt haben, um Stimmungen und Gefühle. Also müssen wir eine Sprache finden, die das Präreflexive genauso ernst nimmt wie das Reflexive.«
»Wir? ... Was?«, antworte ich und fühle mich dann doch etwas zu schnell vereinnahmt.
»Die Intellektuellen.«
»Wir ... die ... ansonsten?«
»Ansonsten reden das Volk und die Eliten aneinander vorbei.«
»Das wäre nicht neu«, sage ich müde.
»Es ist aber nicht gut.«
»Und was sollen die Intellektuellen dem Volk Ihrer Ansicht nach erzählen? Geschichten, in denen das Reflexive präreflexiv rüberkommt? ... Krimis und so?«
Er sieht mich fragend an. Vielleicht träume ich doch. Oder er ist ein Geist. Läuft wohl aufs selbe hinaus.
»Möglicherweise«, gebe ich zu bedenken, »wäre es besser, ganz direkt das Reflexive zu fördern, das wäre ein Schritt zur Emanzipation des Volkes von seinen Intellektuellen und die Intellektuellen wären so richtig gute ...«

Er wedelt mit der Hand durch die Luft, als wäre meine Meinung eine lästige Fliege.

»Die Eliten und das Volk haben keine gemeinsame Zukunft.« Er hebt den Zeigefinger, und ich frage mich, wie es dazu kommen konnte, dass wir ganz selbstverständlich das Wort Volk benutzen. »Die Zukünfte der verschiedenen gesellschaftlichen Gruppen laufen nirgendwo zusammen.«

Ich bin schockiert, und merke, dass ich mich etwas zusammenreißen muss, sonst wickelt er mich mit seinen schönen Formulierungen tatsächlich ein.

Der Glatzkopf rutscht auf der Bank hin und her. »Es gibt mehr Verbitterung in der Gesellschaft, als die Eliten denken. Im neuen Dienstleistungsproletariat, aber auch in der Mitte. Bei denen, die der Meinung sind, ihre Bildungsrendite falle ungerechtfertigt zu gering aus.«

»Bildung und Rendite«, wende ich ein, »ein gewagter Anspruch, ja, wahrscheinlich ein grundlegendes Missverständnis.«

Die riesigen Augen, die mich durch die Brillengläser betrachten, drücken aus, dass der kluge Kopf dahinter meint, ich würde nicht so recht begreifen. Vielleicht reden ja auch wir aneinander vorbei.

»Verbitterung!« Er hebt den Zeigefinger. »Dadurch entstehen Hasskollektive, wie Pegida oder die Nationale Front, denken Sie an Polen, die USA. Und das bringt die Eliten dazu, sich nur noch in ihren eigenen Szenen zu äußern.«

»Das nennt man Vernetzung«, sage ich schnell, »und vielleicht verwechseln Sie hier Ursache und Wirkung.«

»Und was bieten die Populisten? Vereinfachung, Emotionalisierung, Dramatisierung. Die Populisten sprechen das

Präreflexive skrupellos an.«
»Richtig!«, sage ich und denke, dass also schon etwas da sein muss, was angesprochen werden kann. Eine Sehnsucht nach einem Wir. Und das ist erst mal gar nicht so schlecht, denn eine Demokratie beruht auf dieser Idee. Aber dieses Wir scheint gestört zu sein und das bringt den Wunsch nach einem anderen Wir hervor. Auch, denke ich weiter, scheint das staatliche Überlebensversprechen unglaubwürdig geworden zu sein. Die sogenannten Subjekte spüren, dass sie sich immer grundlegender gegen die Interessen des Staates behaupten müssen. Gelingt es, glaubhaft zu machen, dass ein neuer Staat notwendig ist, um die Schicksalsgemeinschaft zu schützen und zu erhalten, dann ...
»Völlig richtig!«, sage ich.
Er wirft mir einen misstrauischen Blick zu.
»Identität ist eine permanent zu erbringende Leistung, eine prekäre Balance zwischen den Bedürfnissen des Ichs und den Anforderungen der Umwelt. Identität funktioniert wie eine Erzählung und braucht permanent Erzählungen. Damit kommt Literatur, Film und Fernsehen eine wichtige Rolle zu.«
»Aha!«, antworte ich und frage mich, ob er das Thema gewechselt hat.
»Vielen ist es zu schwer, die nötige Leistung für eine komplexe Identität zu erbringen.«
»Sagen die, die meinen, schon immer mehr geleistet zu haben«, rutscht es mir raus. Er ist aus dem Tritt und ich brauche eine rhetorische Pause. Schweigen. Schweigen.
»Es ist doch so: Als die linken Intellektuellen nach dem Fall der Mauer für Bankrott erklärt wurden, wurde auch das Reflektieren abgewickelt. Die Literatur ist dafür das

beste Beispiel. Gleichzeitig haben sich die Gewichte im Konflikt zwischen Arbeit und Kapital zugunsten des Kapitals verschoben. Was bleibt? Emotionen, Bauchgefühl, Geld und Gänsehaut.«

Er nickt.

»Ich denke auch nur noch, wenn mich jemand bezahlt.«

Ein verzweifeltes Grinsen huscht über sein Gesicht und er zuckt mit den Schultern.

»Ich erinnere mich«, fange ich an: »Die neunziger Jahre, hier die Intellektuellen und grünen Spinner, weltfremd, ideologisch, utopisch. Dort die Realisten, die die Trommel für Wohlstand und Wachstum rühren.«

»Ja, aber dieses neue Proletariat«, nimmt er einen Faden wieder auf, »dieses neue Proletariat scheint doch erst mal ästhetisch unappetitlich zu sein. Warum? Weil auch die früheren Fürsprecher der plebejischen Klassen zur Globalisierungsfraktion übergewechselt sind und ihrer ehemaligen Klientel für die Artikulation von Protest nur das unbehandelte sprachliche Kondensat ihrer Deprivationserfahrung zurückgelassen haben. So kommt es laufend zu Verstößen gegen die in der verweltbürgerlichten Mittelschicht geltenden Regeln korrekten politischen Sprechens.«

Alles klar! »Didier Eribon und Édouard Louis«, streue ich lässig ein. Das Nennen von Namen beeindruckt und verschafft einem Zeit. »Die feinen Unterschiede und die Gesellschaft des Zorns.«

Er runzelt die Stirn.

»Vielleicht erleben wir die erfolgreiche Durchsetzung eines neuen Lebensstils«, lege ich nach.

Er wiegt den Kopf langsam hin und her.

Um den Überblick nicht zu verlieren, fasse ich mal zusammen: »Identitätsvakuum. Die Texte der Linken werden von rechten Intellektuellen auf Nation und Volk umgemodelt und die progressiven Kräfte haben dem Neoliberalismus ihren Charme und ihr Charisma geliehen: Nancy Fraser. Wir erleben die Perfektionierung von dem, was George Orwell Doppeldenk nannte. Demokratie ist unmöglich, aber die Parteien sind die Hüter der Demokratie. Wichtig ist, zu vergessen, was zu vergessen von einem gefordert wird, um es sich dann, wenn man es braucht, wieder ins Gedächtnis zurückzurufen und es hierauf erneut zu vergessen; und vor allem, dem Verfahren selbst gegenüber wiederum das gleiche Verfahren anzuwenden.«

Er schüttelt den Kopf.

»Darum ist es Zeit für Heine«, fahre ich fort. »Der hat dieses Verfahren schon vor zweihundert Jahren durchschaut und zu seinem Thema gemacht. Da die Reaktion die Begriffe Sittlichkeit und Patriotismus gleichsetze, heißt es bei ihm, werde Freiheit unmöglich.«

Er denkt immer noch nach. Das macht ihn sympathisch.

»Gab es früher keine Stimmungen?«

Er öffnet den Mund, doch ich rede weiter: »Der Vorstandschef eines Autokonzerns, der die halbe Welt betrogen hat, bekommt eine Abfindung von 29 Millionen. Eine Kassiererin wird wegen der angeblichen Unterschlagung eines Pfandbons mit der Begründung entlassen, der Arbeitgeber habe das Vertrauen in seine Angestellte nachhaltig verloren. Und Sie wundern sich über Stimmungen? Vielleicht spiegelt sich in der Irrationalität und dem Egoismus der einen nur der Irrationalismus und Egoismus der anderen.«

Zu einer Wohlstandsgesellschaft, denke ich, spreche es aber lieber nicht aus, gehört die Sorglosigkeit des Genusses. Konsum braucht keine Reflexion, sondern Sicherheit. Und das Versprechen, das beides, der Konsum und die Sicherheit, immer weiter zunehmen. Vielleicht haben die Milliardäre dieses Planeten die gemeinsame Zukunft der Menschheit längst abgeschrieben und unglaubliche Vermögen angehäuft, weil sie hoffen, damit gut überleben zu können, wenn die anderen sich die Köpfe einschlagen. Ich denke an Piroschka und an Polen, und frage mich, ob auch Europa schon verloren ist, denke, der Nationalismus ist ein wildes Tier, ein neurotischer Kampfhund. Interessen und Verdrängung. Mir wird kalt.

»Ja, aber ... nein!« braust mein Gesprächspartner auf, »der Intellektuelle ...«

Ich brauche einen Augenblick, bis ich weiß, wo wir stehengeblieben waren.

»Der Intellektuelle hat die Kompetenz der Inkompetenz. Als Intellektueller hinterfrage ich Dinge, die allen klar zu sein scheinen!«

Jetzt heißt es nachdenken. Inkompetent bin ich auch. »Sind die Elite und die Intellektuellen das Gleiche?«

»Eliten, Eliten! Hören Sie gar nicht zu? Macht-, Wirtschafts-, Militär- und Bildungseliten.«

Als Ich-Erzähler, das nur nebenbei, habe ich die Situation natürlich immer im Griff.

»Sind die Bildungselite die, die ihre Kinder auf Privatschulen schicken? Oder die, die das neue Prekariat geschaffen haben? Oder, vollkommen anders gefragt: Welche Art der Intellektuellen meinen Sie eigentlich? Organische, freischwebende, allgemeine, spezielle, alle Akademiker oder alle in der Bewusstseinsindustrie Tätigen? Sollte man da nicht mal ganz genau hinschauen und unterscheiden?« Ich muss Luft holen, um noch mal richtig nachlegen zu können. »Sagen Sie mir einfach: Was sind die Interessen, was der Fortschritt? Ist die bürgerliche Mitte ein Teil der Lösung oder ein Teil des Problems?«

Er schüttelt energisch den Kopf und ich staune, wie fest die Nerd-Brille auf seiner Glatzkugel sitzt. Am besten, denke ich, werde ich deutlich: »Herr Professor, die Zahl der Abiturienten und Studierenden steigt und gleichzeitig werden Bildungspanik und das Präreflexive zu einer Gefahr. Sind die Universitäten schon ein Ort der Einengung und der Zensur?«

Der Mann ist weg! Nur noch ein leichter Geruch. Schwefel? Rasierwasser? Vielleicht war ich kurz eingenickt. Diese Kante zwischen Wachsein und Schlaf, diese verschwimmenden Bilder und Realitäten, diese Verbitterung. Das Präreflexive: Träume, Schäume, die Schwüle, denke ich, die Schwüle raubt mir noch den Verstand.

Venus und Mars

Durch meine Gedanken spaziert ein anderer Mann, von rechts nach links, von der Kirche auf eine wuchtige alte, vom Verfall berührte Scheune zu. Ein Zauberer, schießt es mir durch den überhitzten Kopf. Groß, stattlich, wehender weißer Bart, schwarzer Hut, dunkler Anzug. Aus einer Tasche lugt eine Zeitung hervor. Gandalf! Inkognito! Er öffnet die Tür und verschwindet.

Eine offene Tür ist eine Einladung, denke ich, greife nach meinem Rucksack und gehe ihm hinterher. Aus dem flirrenden Sommerlicht trete ich in einen kühlen, weiten gotischen Raum. Eine hohe Decke mit stattlichen Balken, Sandsteinmauern, dick wie Fundamente, Fenster, durch die schräg die Sonne einfällt und auf Bücher scheint. Bücher! Überall Bücher: Bücherstapel, Bücherspiralen und Pyramiden, Dünen, Buchten, Hügel, Bücherregale, Bücherhaufen und Büchergebirge, dazwischen schmale, manchmal sich weitende Gänge, gehüllt in einen Geruch aus Druckerschwärze, Zeit und Papier, einen Geruch, in dem sich Sinn und Form, Unsinn und Chaos fröhlich vermischen. Ein Labyrinth, doch alles scheint einer magischen Ordnung zu folgen.

Ein altes Sofa, auch dieses Angebot nehme ich an. Ich brauche nur noch die Hand auszustrecken, unzählige Bücher! VEB-Ware, denke ich, schiebe die Anleitung »Wie repariere ich meinen Trabant« zur Seite und vertiefe mich in die schwarzen Zeichen auf diesem speziellen, rauen, nie ganz weißem Papier. Ich lese hier und lese dort und als ich irgendwann wieder aufblicke, erhellen vornehme Kristallleuchter den Raum. Draußen schlägt eine Glocke und um mich herum erhebt sich ein Stimmengewirr. Eine Party? Eine Gesellschaft? Eine Hochzeit vielleicht?

An einem langen Bankett sitzt das Brautpaar, *Peleus und Thetis* steht auf den Tischkarten vor ihrem kostbaren Gedeck. Rechts und links schöne Frauen in leichten Sommergewändern und ernste Männer mit Bärten. Der Tisch biegt sich unter dampfenden Speisen und edlen Getränken. Die lassen es krachen, denke ich, als ein goldener Ball wie aus dem Nichts auf dem Tisch landet und genau in seiner Mitte liegen bleibt. Es steht etwas drauf, aber ich kann kein Griechisch. Sofort setzt ein Gebalge und ein Gezeter ein. Drei Frauen streiten sich um die goldene Kugel. Streitend entfernen sie sich von den anderen, schimpfend, sich stoßend und schubsend kommen sie auf mich zu. »Du«, sagen sie wie ein Wesen mit drei Mündern, »du wirst entscheiden!«

»Das muss«, antworte ich, die Kugel, die irgendwie bei mir gelandet ist, verlegen drehend, »ein Missverständnis sein.«
Drei Augenpaare durchbohren mich mit wütenden Blicken.
»Bin gar nicht eingeladen«, stottere ich, »und die Brautleute kenne ich auch nicht, bin eher zufällig hier.«
Mit einer kategorischen Geste bringen sie mich zum Verstummen. Vielleicht sind es Hexen. Wenn ja, sind es schöne Hexen, in aufreizender Kleidung.
»Paula« stellt sich die erste mit dem ironischen Knicks einer Zirkusartistin vor. Ein Bild von einer Frau, vielleicht ein Stück zu klein, aber sehr sinnlich. »Franziska«, sagt die zweite mit einer Mischung aus Selbstbewusstsein und Verzweiflung. »Christa«, beendet die dritte die Vorstellungsrunde. Eine dunkle, etwas raue Stimme, in die zur Zierde ein leichtes Lispeln eingebaut ist.
»Und?«, frage ich und kann angesichts von soviel Schönheit gerade noch denken, dass hier wohl alle Frauen, wie es sich gehört, auf »a« enden.
Paula hat etwas, das sie von den beiden anderen unterscheidet. Als sie ihre traurigfrohe Geschichte erzählt, vertieft sich mein Verdacht, dass sich diese Frau nur ein Mann ausgemalt haben kann. Ja, warum eigentlich nicht eine Frau aus der Sicht eines Mannes, die sich der Emanzipation und ihren Erwartungen entzieht. Das müsste mir eigentlich entgegenkommen. Mehr als die spröde Schönheit von Christa, die den Eindruck erweckt, als mache sie jeden Schritt gegen einen schwachen, aber dauerhaften Widerstand. Und gleichzeitig ist da etwas Konventionelles, Altbackenes, Pathetisches in ihr.
Pathos ist auch Franziska nicht fremd. Aber ihr Pathos hat

einen anderen Ton. Es bezieht sich ganz auf sie selbst und ihren Kampf um die Liebe und ihren Platz in der Welt. Das klingt heute noch so modern, dass es auf mich gar nicht pathetisch wirkt. Man sieht ihr an, dass sie an das, was sie tut, nicht mehr glaubt. Und trotzdem fährt sie fort, es zu tun. Sie denkt, was sie tut, das ist falsch, aber im Moment geht es nicht anders. Sie schwankt zwischen dem Wunsch nach Geborgenheit und dem nach Abenteuer. Ich mache einen Schritt auf sie zu und, ohne dass sie mich durch irgendein Versprechen beeinflussen müsste, gebe ich ihr den goldenen Ball.

»Lass ihn in einen Brunnen fallen. Dann wird alles anders«, sage ich. Sie läuft rot an, vor Wut oder Scham, und wird noch schöner dadurch. Einsvierundfünfzig, schätze ich. Sie stottert. Ich glaube, ihr erster Mann war schuld daran. Aber sie hat das glückliche Naturell ihrer Großmutter, ein Talent zum Glücklichsein noch unter widrigsten Umständen. Viel Suche und Einsamkeit. Und nebenbei auch noch schnell die Welt retten. Wie passt das zusammen, wie viel Kraft kostet das? Noch weiß ich nicht, was ich mit diesem Urteil angestellt habe.

»Ach, nicht so schlimm«, sagt Franziska lächelnd und entfernt Spinnweben aus ihrem Haar, »so geistere ich wenigstens nicht nur als Vortrupp der Ankunftsliteratur durch die Lexika.« Träume ich ihre Gedanken? Ja, ich träume. Ich träume von einer Bibliothek, von drei Frauen, von einer Vergangenheit, in der es noch einen Plan gab, einen Plan, der verführerisch war, an den man glauben wollte, wenn man jung war und an dem man scheiterte, wenn man zu selbständig wurde und einforderte, was er versprach.

»Natürlich musste unsere Generation«, fährt Franziska

fort, »unsere Generation, die zum Vorstoß in eine leidensfreie Welt erwählt worden war, einen enormen Preis in Form von Leiden zahlen. Kein Opfer war zu groß, wenn man es an der Nobilität des Ziels maß. Kein Aspekt der bestehenden Realität hatte einen Anspruch auf Immunität oder Ausnahmeregelungen, nur weil er sich in der Vergangenheit Verdienste erworben hatte, geschweige denn deswegen, weil er einfach da war. Und natürlich bedurfte auch unsere Variante der neuen Welt eines Inventars von Unqualifizierten, und denen musste man den Zutritt verwehren.«

Der Raum beginnt sich um mich zu drehen wie eine Lichtshow aus den siebziger Jahren. Die siebziger Jahre, denke ich, hier und dort, als ich den Traum abzuwischen versuche, wie Staub, der sich bei einem Gang durch ein lange verlassenes Gebäude auf alles gelegt hat, die siebziger Jahre, als die Hoffnung ganz langsam in Exzess und Gleichgültigkeit überging. Die siebziger Jahre zwischen Venus und Mars. Im Osten Versprechen und Lust, im Westen Versprechen und Lust.

Von draußen höre ich Vogelgezwitscher. Die Sonne tastet mit langen Fingern durch den schwebenden Staub der Bibliothek, beleuchtet einige Bücher und lässt viele andere im Schatten. An einer freien Wand hängen Bilder von Leuten in indiskutablen Klamotten. Die Helden, das Volk, auf Plätzen und Mauern, mit grotesken Frisuren. Das Volk. Europa küsste die Freiheit, Politiker sprachen von einer besseren Welt, wo die Landschaften blühen und endlich die Leiden verschwinden. Freiheit! Freiheit ist die Einzige, die fehlt.

Das Vogelgezwitscher wird leiser. Warum bin ich so müde? Habe ich Depressionen, oder Burn-out? Der Zau-

berer schließt die Fenster. Und geht zur Tür. Er winkt mich heran.
»Sie wollen doch nach Osterode«, sagt er und schaut mich mit seinen eigensinnigen Augen an. »Ich nehme Sie mit.«

Die Frage ist doch

Ich werfe meinen Rucksack in seinen alten Kleinbus und steige ein. Vorsichtig rollen wir den Burgberg hinunter und biegen im Dorf in eine Straße ein, die schnurgerade auf die dunkelgrauen Bergrücken zuführt.
»Sieht aus, als wollten Sie wandern?«
»Einmal quer über den Harz.«
Die Felder sind grün, der Sommer wird groß. Mit der Sonne im Rücken schwebe ich den Wäldern entgegen.
»Manchmal läuft alles ganz anders, als man es erwartet. Besonders im Harz.«
Ich schaue ihn fragend an, sehe aber nur sein Profil.
»Sie interessieren sich für Bildungsromane?«
»Es war schon ein genialer Zug, Bildung und Roman zu einem Begriff zusammenzufassen.«
Er nickt, zustimmend und fragend zugleich.
»Das Literaturprogramm der DDR hingegen«, fahre ich fort, »als Bitterfelder Weg zu bezeichnen, war vom Gesichtspunkt des Marketing eine Katastrophe, also ... das Wording.«
»Von Bitterfeld zur Bitterkeit.«
»Aber«, lege ich aufgekratzt nach, »anzunehmen, dass Literatur nur ein Mittel zum Zweck ist, war der eigentliche Fehler.«
»Das ist doch beruhigend«, antwortet er, und wirft mir

einen amüsierten Blick zu.

»Was?«

»Dass sich Literatur nicht dauerhaft in Dienst nehmen lässt. Und, ganz prinzipiell, dass man ihr eine so große Wirkung zutraut.«

Er schweigt, skeptisch. Ich schaue aus dem Fenster, Alleebäume fliegen vorbei.

»Mich wundert«, nehme ich einen früheren Gedanken wieder auf, »dass die Heldinnen und Helden der DDR-Bildungsromane fast ausschließlich aus bürgerlichen Verhältnissen kamen, Kinder von Intellektuellen, die studiert hatten, und sich dann sozusagen nach unten in die Produktion hineinbilden wollten.«

»Wo sollten sie denn sonst herkommen? Kriegsgeneration, Prinzip Hoffnung. Die DDR als Heimstatt der Arbeiter. Der Gedanke der Ankunft. Auch die klassenunbewussten Arbeiter und Bürgerlichen bekamen durch die Praxis der Arbeit eine Heimat. Das zieht sich als roter Faden durch die ganze Literatur der DDR. Die Verklärung der Arbeiterklasse war ...«, er winkt ab, als wäre das alles klar, und um seine Augen bilden sich Falten. Der Bart scheint zu lächeln.

»Bei Heine hieß das noch Volk«, werfe ich ein.

Die Falten verschwinden. Ein fragender Blick. »Heine galt als das Muster für eine Kollektivbiografie schlechthin: Zuerst bürgerlicher Individualist, dann romantisierender Saint-Simonist und schließlich wissenschaftlich-philosophischer Frühsozialist durch die Zusammenarbeit mit Karl Marx. Und«, es klingt, als müsse er scharf nachdenken, um die richtige Formulierung zu finden, »das war ein ganz abenteuerliches Identifikationsangebot, das dem antifaschistischen und friedensorientiertem Begehren der jun-

gen Generation nachkam, ebenso wie dem Begehren als Nicht-Schuldige nun eine besondere Rolle als Hoffnungsträgerinnen für die neue Gesellschaft zu spielen.«
»Das Vorbild hat aber nur die ersten zehn Jahre funktioniert.«
»Wenn der damit versprochenen Selbstverwirklichung tatsächlich eine zunehmende Entfremdung gegenübersteht. Wie war es denn bei Ihnen?«
»Was?«
»Mit der Bildung?«
»Bei mir? Persönlich! Ich?«
»Ja, vielleicht auch ganz generell, BRD. Machen Sie mal, Fallbeispiel, empirisch.«
Ich zögere etwas. Der Mann strahlt echtes Interesse aus.
»Vater, Nachkomme von Unterhaltungsmusikern und einem Fuhrunternehmer mit zwei Pferden, hat die Schule mit fünfzehn verlassen. Autoschlosser, später selbständiger Kohlenhändler.« Ich muss nachdenken. »Ich erinnere mich an die Schiefertafel, auf der ich das ABC gelernt habe. Alles, was ich geschrieben oder gemalt habe, wurde mit einem kleinen Schwamm wieder weggewischt. Dann Volksschule, Verdacht auf Tieferbegabung. Geburtenstarke Jahrgänge, vierzig Kinder pro Klasse. Eine von den schönen jungen neuen Lehrerinnen hat meinen Eltern gesagt, dass ich in der Volksschule untergehen werde. Mein Vater meinte, das würde für eine Lehre schon reichen. Meine Mutter, traditionelle Handwerkerfamilie, setzte alles daran, dass ich auf die Mittelschule kam.«
»Die Frage ist doch, ob es diese neuen Lehrer in Westdeutschland ohne die DDR gegeben hätte.«
Ich nicke.
»Kleinbürger also, unterer Mittelstand«, fährt er fort.

»Klingt gefährlich, oder?«
»Ist er doch auch«, setzt er nach.
»Die Kleinbürger verstehen sich als kleinbürgerlich, sie schmähen sich und sie schämen sich dafür.«
Er nickt. »Also Selbsthass, Faschismus ...«
»Tatsächlich. Ich schämte und ich schmähte mich. Aber irgendwann wusste ich, dass ich das tue.«
»Wie ging er dann weiter, Ihr Bildungsweg?«
»Irgendwann begann mir Schule Spaß zu machen.«
»Also Abitur.«
»Danach wusste ich nicht weiter.«
»Verständlich.«
»Kein Vorbild in der Familie. Hat lange gedauert, bis mir klar wurde, dass ich dieses Abitur als einen Verrat empfunden habe.«
Er zieht die Augenbrauen nach oben.
»Ich hatte das Gefühl, meine Herkunft zu verraten. Oder konkreter, meinen Vater. Ich bin mir heute sicher, dass er das nie akzeptieren konnte ... also Abitur. Ich entwickelte gewisse Ressentiments gegen die, die gleich wussten, was zu tun war. Wie Sie schon sagten, Unsicherheit, Minderwertigkeitsgefühl, Ressentiments. Ich habe erst mal rumgehangen und dann eine Lehre gemacht.«
»Auch eine Bildung nach unten, wie Sie das für die DDR-Intellektuellen festgestellt haben. Ein Gefühl von Verrat.«
»Die Familie meiner Mutter lebte im Osten, ich bin an der Grenze aufgewachsen, West- und Ostfernsehen, irgendwie hat sich das wohl ausgewirkt. Aber gut, Bildung nach unten. Für mich persönlich nicht, für den Abiturienten wohl schon. Ich war Bildungsauf- und Bildungsabsteiger zugleich.«

»Aufstieg und Abstieg«, er macht eine Pause. »Eine der mächtigsten Metaphern, in denen wir leben.« Er brütet und wirkt, als hätte er den Faden verloren. »Fast schon eine Migrationsgeschichte. Wie kamen Sie zur Literatur?«

»Die kam zu mir. Erst klassische Fluchtwelten, dann Verstörung, dann Interesse. Aber auch dafür gab es in meiner Familie keine Vorbilder. Mal ganz nebenbei, die handwerkliche Arbeit hat mir gelegen. Nur die Verhältnisse konnte ich schwer ertragen. 80er Jahre, die meisten Arbeitgeber waren einfach mies drauf. Gute Arbeit, schlechte Bedingungen.«

Er nickt.

»Wenn du schon eine Uni vor der Nase hast, dachte ich, kannst du auch ein bisschen studieren. Die Entscheidung wurde sicher davon beeinflusst, dass an den Universitäten wesentlich mehr Frauen unterwegs waren als in den Betrieben, die für meine Karriere als Handwerker zur Verfügung standen.«

»Also Studium«, fasst er zusammen, als wäre damit alles über mein Leben gesagt.

»Parallel dazu habe ich zehn Jahre in einer selbstverwalteten Bäckerei gearbeitet. Es geht auch ohne Chef, das ist sicher, Kollektive funktionieren. Irgendwann musste ich mich dann entscheiden: Intellektueller oder Handwerker.«

»Und jetzt?«

»Mittlerweile bilde ich Lehrer aus. Sprache, Literatur, Lesen und Schreiben.«

»Eine schöne Bildungsgeschichte. Ich gratuliere Ihnen, Sie sind ein Leistungsbürger. Und so eine Leistung ist, wenn man etwas genauer darüber nachdenkt, eine Form von Gehorsam. Wie sieht es denn heute aus? Man hört ja einiges über die Schule.«

Leistungsbürger! Gehorsam. Ich bin beleidigt.
»So wie Sie fragen, waren Sie entweder Lehrer oder Polizist.«
»Pfarrer«, antwortet er.
»IGLU, PISA und so weiter, die OECD, Vergleichstests, Evaluationen«, sage ich lustlos.
»So viel Abkürzungen, klingt ein bisschen nach DDR.«
»Hm«, brumme ich.
»Können in einer Gesellschaft, in der langfristiges Planen und Handeln abgelöst worden ist von kurzfristigen Projekten und Episoden, die sich nicht zu Sequenzen verbinden, können da Begriffe wie Entwicklung, Reifung, Karriere und Fortschritt noch eine Rolle spielen?«
Sein Satz kreist durch meinen Kopf. Hat er schon wieder das Thema gewechselt? Leistung? Bildung, Sequenzen. Ich habe den Faden gerade wiedergefunden, da legt er nach.
»Sind Prozesse, vor allem in der persönlichen Entwicklung, die langfristig angelegt sind, dann heute nicht kontraproduktiv? Schließlich muss man sich ständig an neue Bedingungen anpassen. Ist es nicht besser, die Methoden, die in der Vergangenheit funktioniert haben, schnell und gründlich zu vergessen, weil sie sich unter den neuen Umständen als wertlos erweisen? Hieße das, dass wir zwar ein Leben lang lernen müssen, aber das Gelernte auch immer wieder über Bord werfen sollen, wenn sich die Anforderungen ändern? Kann man da überhaupt noch von Bildung, Wissen, einem Weg oder gar von Weisheit sprechen?«
Ich staune meinen Fahrer an und lasse ein paar Bäume an mir vorbeifliegen, um einen seiner Gedanken herausgreifen zu können.

»Es gibt Bildungsstandards, also Richtlinien, die ...«
»Bildung und Standard?«, schneidet er mir sanft das Wort ab. »Sind das nicht Widersprüche in sich? Ist Flexibilität nicht ein anderes Wort für Anpassung und damit das Gegenteil von Freiheit?«
»Eine Haltung haben«, werfe ich ein, »bei dem Zeitgeist. Wie lautet Ihr Vorschlag?«
»Vielleicht leben wir schon viel freier, als wir denken.«
»Nun ja«, fange ich langsam an, »eine Verwirklichung der individuellen Möglichkeiten ist nicht zu erreichen, indem man sich einfach ans Herkömmliche anschließt und ins Gegebene hineinlebt. Vielmehr bedarf es eines bewussten Sich-Losmachens von allen Festlegungen und einer Bemühung, die auf die eigene Person gerichtet ist, damit durch Welterfahrung und deren produktive Verarbeitung eine neue Lebensorientierung gewonnen werden kann.«
»Zitat?«, fragt er, ohne die Augen von der Straße zu nehmen.
»Was Sie können, kann ich auch.«
Er nickt, sein Bart wippt.
»Lassen wir«, fahre ich fort, »der nächsten Generation überhaupt eine Wahl?«
»Nach Humboldt«, wirft er ein, »geht es darum, die Eigentümlichkeit inmitten der äußeren Einflüsse zu entfalten, nur dadurch sei Charakter und Größe möglich. In der DDR sollte es genau andersherum funktionieren. Vom Kopf auf die Füße gestellt.«
»Also hier das Individuum, da die Gesellschaft. Ausbildung der Individualität, um sie in die Gesellschaft einzubringen: die bürgerliche Variante. Die sozialistische: Erst das kollektive Bewusstsein verändern und ausbilden, später die Individualität entfalten. Die eine Variante ist veral-

tet, die andere gilt als gescheitert.«
Er schüttelt den Kopf.
»Wir leben in flüchtigen Zeiten. Weder das Individuum noch die Gesellschaft scheinen eine feste Größe zu sein. Darum müssen wir ständig neue Kompetenzen einüben.«
»Ich glaube«, sagt er, »das ist ein Holzweg.«
Ich nicke.
»Noch«, fährt er fort, »scheint es so, als lasse sich diese Erkenntnis durch Konsum vom Bewusstsein fern halten.«
Er macht eine Pause. Sein Satz hängt in der Luft. Mir fällt der Glatzkopf von der Parkbank ein mit seinen Affekten und dem Präreflexiven.
»Und was bedeutet das für die Bildung?«, frage ich laut.
Mein Fahrer zuckt mit den Schultern.
»Das ist Osterode. Da vorn lass ich Sie raus.«

An Tiefe gewonnen

Osterode, denke ich, ist seltsam. Aber warum? Gehen und schauen. Schritt für Schritt wird das Gefühl fassbarer. Osterode ist ein Freilichtmuseum für Architektur. Vom Mittelalter bis zur Gegenwart. Alle Baustile und Renovierungsphilosophien dicht beieinander, Fachwerk schwarz-weiß, weiß-grau und rot-schwarz. Osterode ist eine Fundgrube, eine Schatztruhe mit allen Designmoden und -verbrechen seit den fünfziger Jahren: einglasige Schaufenster mit Holzrahmen, Riffelglas-Türen aus Alu. Schreibschrift-Neonreklamen, schwungvoll sympathisch, dynamisch vorwärts drängend. Stil ist sozial relevant und eine Schrift ist Ausdruck von Haltung und Zeitgeist. Die Farben der siebziger Jahre, die robuste Phantasielosigkeit der

Achtziger, am Ende der westlichen Welt. Osterode, das alte Versorgungszentrum für den Harz. Leerstand nebst feinster Sanierung. Und ich bin jetzt hier, in der Gegenwart, der Provinz. Die Eiskugel kostet siebzig Cent. Ein Zitroneneis. Ein Zitroneneis in der Provinz, das ist wahre Zitrone!

Ich gehe bergauf. Beim Wandern entdeckt man das Gehen ganz neu. Atem und Schritt, domhafter Wald, ein Klangraum für Vogelgezwitscher, ein Bach. Die Vögel, die gibt es, die Wolken, das Blau. Plötzlich bin ich in der Stimmung zu dichten, setze mich auf einen Stein, schlage das eine Bein über das andere, stütze den Ellenbogen darauf, schmiege das Kinn und die Wange in meine Hand ... Wie kann man in dieser Welt leben? Was können wir hoffen? Ich blicke hinunter auf die zwischen grünen Tannen wie eine Moosrose hervorschauenden roten Dächer von Osterode und fange an.

Steiget auf ihr alten Träume!
Öffne das Erinnrungstor!
Nostalgien, Zeitmaschinen
Strömen wunderbar hervor.

In Archive will ich tauchen,
Wo die Mythen auferstehn,
Wo die Zeiger stillgestanden,
Wo wir durch Vergangnes gehn.

Durch die Wehmut will ich streifen.
Hier am alten Zonenrand,
Kann man Bilder nacherleben,
Weil da diese Mauer stand.

In dem Dorf dort halt ich an
Und gedenk der alten Zeit,
Alter glühender Verfechter
von vergessnem Fortschrittsleid.

Gras bedeckt jetzt die Tankstelle,
Wo der Mann im Overall
Charmant sprudelnd Umsatz machte,
Schien die Marktwirtschaft sozial.

Efeu rankt am Küchenherd,
Wo sich Frau als Frau verstand,
Die den stolzen Geldheimbringer
Mit Hawaii-Toasts überwand.

Ach! die Freiheit, ach, die Küsse.
Von der flüchtigen Moderne
Scheint Europa längst bezwungen,
Ihr Gewand voll grauer Sterne.

Beim Bergaufgehen verlangsamen sich die Gedanken. Nach der Schwüle umfängt mich kühle Stille. Ein Raum, der alles in Zeitlupe versetzt. Ein Muster, das wie ein Chaos aus Schatten und Licht erscheint, das aber kein Chaos ist, sondern ein Organismus aus Erde, Sonne, Wasser und Luft, der uns deshalb so ruhig macht, weil wir ein Teil davon sind. Irgendwo ist eine Schwelle gewesen. Sogar die Vögel singen leiser als in der Stadt. Eine Art Schweben. Höre ich mich selbst plötzlich besser? Macht jeder Mensch ein eigenes Geräusch, das er im täglichen Lärm überhört? Tiefer im Wald schlafen auch diese Fragen ein.

Ich wasche in der Großen Bremke mein Haar. Die Tannen kühlen mit ihren Fächern meinen Sonnenbrand. Im Eschenlicht schweben Mücken und flüstern sich etwas zu. Ein Wald mit hohen Bäumen, eine Kathedrale, ein Hallraum. Aber er gibt keine Antwort. So allein, befürchte ich, könnte mir langweilig werden. Kaum da, und schon meldet sich das Denken zurück. Der Wald steht still und schweigt.

Ich könnte mir einen Gesprächspartner erfinden. Schließlich bin ich der Erzähler.

An einer geeigneten Stelle, etwas erhöht auf einer Wiese mit blasslila Kolben und allerhand buntem Kraut, schlage ich mein Lager auf. Während die Sonne immer schrägere Lichtbahnen in die Luft legt, beginne ich am Bach einen Damm zu bauen. Einfach so. Erinnerungen an die Kindheit, an eine Zeit, in der alles gleich wichtig ist, wir alles hören, alles sehen und Gleichmäßigkeit bei allen Eindrükken ist, bevor wir absichtlich werden, uns mit Einzelheiten beschäftigen, das klare Gold der Anschauung für das Papiergeld der Bücherdefinitionen einwechseln und an Lebensbreite gewinnen, was wir an Lebenstiefe verlieren. Steine und Schlamm, das Gluckern und Rauschen des Wassers, das Waten bis zu den Knien im kühlen, nach unten drängenden Bach und die langsam herabsinkende Dämmerung sind eins. Von nun an werde ich mich jeden Tag mindestens einmal auf den Boden legen und in den Himmel schauen, zwischen Ästen hindurch, an Baumstämmen entlang, auf Wolken und Blau.

Auf einer Lichtung. Mitten in der Nacht werde ich wach, liege auf dem Rücken, Lücken zwischen den Wolken, keine Decke über dem Kopf. Im dunklen Blau schon die Sterne. Satelliten ziehen vorbei. Wird man größer, wenn

das Auge nirgends mehr anstößt? Kein Horizont. Ich. Ich bin. Anfang und Ende. Ich bin die Mitte. Was soll schon passieren? Die Anordnung versteht sich von selbst. Der Körper hat kein Problem, sich seiner Herkunft zu erinnern. Das hatte ich in diesem Trubel da unten wohl einfach vergessen.
Schläfrig geworden vom dunklen Blau klappen meine Lider zu, und ich träume, ich schliefe und träumte zu erwachen. Die Welt ist schon da, sie dreht mich ins Licht. Ich bin ein Passagier. Insekten sausen vorbei. Die Vögel melden sich nach einem geheimen Plan und singen: Ich bin da, ich bin da, ich bin da!
Vielleicht habe ich die ganze Nacht wach gelegen. Ich weiß es nicht. Es war schön. Und jetzt denke ich. Die Morgentoilette. Ja, ich stamme aus einer sauberen Welt. Als ich an den Bach komme, sehe ich über meinem Damm einen kleinen Teich, dessen Oberfläche in der Morgensonne glitzert. Ein Bad! Ich habe an Tiefe gewonnen.

2.

Vor dem Gewitter

Im Morgenlicht lege ich den Schlafsack zusammen. Die Zeit hat so eine eiernde, unregelmäßige Art. Ich bin, was ich sehe und höre. Ich gehe. Vier Schritte einatmen, vier Schritte ausatmen. Die Vögel sind still. Schon länger, oder plötzlich? Ist das bedenklich? Tatsächlich. Eine Stille, die man hören kann. Niemand da, mit dem ich meine Gedanken teilen könnte. Vielleicht sollte ich mir jemanden erfinden. Solange ich nicht laut mit ihm rede.
Harvey?
Zu abgedroschen.
Humprey. Ein anderes Rollenmodell.
Harry!
Was würde Harry sagen?
»Es wird Regen geben.«
»Es bleibt schön«, antworte ich.
»Es gibt Regen, du wirst es erleben.«
»Es bleibt schön«, sage ich.
»Guck mal da, der Himmel verfärbt sich.«
»Das will nicht viel heißen.«
»Morgenrot. Das weiß jedes Kind.«
Harry schaut mich herausfordernd an. Und ich schaue wohl etwas skeptisch zurück.
»Was ist Romantik?«, fragt er.
»Das fragst du mich?«, antworte ich.
»Ja, dich.«
»Ich glaube, meine Jugend war romantisch. Nach diesem

68er-Dings-Bumms, die Ökobewegung, Hippies, Neue Innerlichkeit, Natur, Spiritualität.«

Er verzieht schmerzhaft das Gesicht. »Jede Jugend ist romantisch. Wenn dir sonst nichts einfällt«, setzt er herablassend hinzu, »versuch es mal mit einer Definition.«

»Kein Problem«, sage ich eifrig. »Also: Sprengung der Geschlossenheit des klassischen Humanitätsideals durch die Subjektivität des Empfindens, der Phantasie und des Humors. Mythische Erfahrung göttlicher Mächte, das Wissen von der Ausgesetztheit des Menschen in einer unenträtselbaren Wirklichkeit.«

»Von Verben hältst du nicht viel.«

»Das Verb«, sage ich, »wird überbewertet.«

Harry hat die längsten Wimpern, die ich je bei einem Mann gesehen habe. Dazu große Augen, ein schlankes Gesicht, fast wie Kafka, aber die Haare glatt nach vorn gekämmt, wie Cäsar. Julius Kafka. Er stellt seinen Fuß einer schwarzen Nacktschnecke in den Weg.

Stolz fahre ich fort: »Eins zu sein mit allem, was lebt, in seliger Selbstvergessenheit wiederzukehren ins All der Natur, das ist der Gipfel der Gedanken und Freuden, das ist die heilige Bergeshöhe, der Ort der ewigen Ruhe.«

»Hm. Ist der Harz mit seiner Tannenmonokultur und Bergbaulandschaft für diese Art der Romantik nicht denkbar ungeeignet gewesen?«

»Die Poesie soll den Gang und die Gesetze der vernünftig denkenden Vernunft aufheben und uns wieder in die schöne Verwirrung der Phantasie, in das ursprüngliche Chaos der menschlichen Natur versetzen, so dass wir von der Eiswüste der reinen Vernunft in das bunte Land der Sinne zurückfinden.«

»Ich sage doch, so gesehen wären Romantik und Harz ein

Irrtum. Und was soll das sein, das ursprüngliche Chaos der menschlichen Natur? Menschliche Natur! Vernünftig denkende Vernunft?«

»Vermischung von Unter- und Unbewusstem: Traum, Sehnsucht, Ahnung, Magisches, Zauberisches, Mythen, sich den inneren Stimmen der Natur öffnen, neues Verständnis des geschichtlichen Lebens. Aber auch Kritik. Kritik an Schlaffheit, Unbestimmtheit, Gleichgültigkeit, Zerstückelung des Lebens in kleinliche Zerstreuungen, die Unfähigkeit zu großen Bedürfnissen, eine Anspruchsunverschämtheit, ein allgemeines Mit-dem-Strom-Schwimmen, in welche Sümpfe des Elends und der Schande er auch hinuntertreiben mag. Bleibt nur, die normierte allzumenschliche Alltagsexistenz entweder als Auserwählter oder als Selbstermächtiger zu überschreiten und ein Übermaß an Schicksal zu akzeptieren.«

»In deinem schönen Satz könnte man auch wunderbar einen Gott beschwören, der Eisen wachsen lässt. Und man könnte mühelos Wörter wie Stahl und Leder, zäh, hart und schnell einbauen.«

Die Moralkeule. Über so was gehe ich einfach hinweg. Wie konnte ausgerechnet ich mir so einen Klugscheißer ausdenken. »Hier, das wird dir gefallen: Das Ich ist als wollende und handelnde Persönlichkeit das schaffende Prinzip der Welt.«

Er nickt und ich lasse mich zu einem Kommentar hinreißen: »Damit sind du und ich für alles verantwortlich.«

»Aber nur«, er hebt, als hätte er das lange trainiert, die linke Augenbraue, »wenn der Wille triumphiert.«

»Oder die Ironie.«

Das hat gesessen.

Die Schnecke hat sich mittlerweile auf seinem Schuh

hochgeschleimt.
»Mitfühlend denken zu können, sollte unser oberstes Ziel sein. Die Romantik«, fängt er leise, fast drohend an, »die Romantik haben Leute erfunden, die das Mittelalter als eine Mischung aus Ritter- und Mönchstum verstanden und nach der Klassik von ihren Adelskathedern eine neue Christianisierung predigten, um poetisch eine Vergangenheit zu konstruieren, die als nationaler Ursprungsmythos herhalten konnte. Aus dieser romantischen Freude am Mittelalter ging ein Hass hervor, der den germanischen Stamm von fremdartigen Bestandteilen rein halten wollte. Romantiker hetzten das Volk zu jenem Gräuel auf, zu dem es sich, an alte Erlebnisse erinnert, aufhetzen ließ: den Judenhass. Und«, fährt er lauter werdend fort, »die Romantik hatte etwas Opiathaftes. Sie infantilisierte die Charaktere und machte aus Männern kleine Kinder, die zu lallender Einfalt herabblühten, oder in dieser schmerzvollen Übergangszeit nur die Agonie des Sterbens sahen, die die Sehnsucht nach Nacht und Tod kultivierten und sich in ungezügeltem Wahnsinn verloren oder sich in einen tödlichen Hass gegen die Franzosen hineinfieberten. Kurz, sie gefährdeten die Freiheit und das Glück Deutschlands.« Er winkt müde ab: »Ein paar Gedichte, ein paar schöne Übersetzungen, die Diskreditierung der französischen Literatur, der Revolution, der Rationalität und nicht zuletzt Europas. Als sie nicht weiter wussten, sind sie ins Kloster gegangen. Nur die Volkslieder im Wunderhorn taugen was. Und«, Harry hebt die Stimme, »deshalb eignet sich der Harz eben doch wunderbar für so eine romantische Reise. Der Wald ist nicht nur ein Sehnsuchtsort, sondern auch ein Kampfplatz gegen die Ansprüche des Adels. Hier sind die Erzgruben der Silberzwerge, hier gab es Volk.

Außerdem ist der Harz umstellt von einem Mittelalter, das sich heftig gegen die Christianisierung und die damit verbundene Hierarchisierung gewehrt hat. Das nur mal ganz nebenbei!«
Er kickt die Schnecke mit einer blitzschnellen Bewegung in den Wald.
»Heute«, versuche ich beruhigend auf ihn einzureden, »ist das so eine Sache mit ›dem Volk‹. Es gibt sogar Streit darüber, wer das Volk ist und ob man es noch so nennen darf. Offiziell besteht es nicht mehr aus Untertanen, es ist der Souverän. Andererseits sprechen wir von Klassen, Schichten, Masse und Milieus. Aber auch von Bürgern, Wählern, der Bevölkerung, den Verbrauchern und Nutzern. Gern genommen wird auch: die Menschen.«
Mit gesenktem Kopf betrachtet er die Schneckenspur auf seinem Schuh. »Der Souverän«, sagt er und wippt mit dem Fuß, als würde er das nun fehlende Gewicht abschätzen.

Ohne dass ich es gemerkt habe, ist das Wetter umgeschlagen. Nebelregen, Nieselschwaden, hohe Luftfeuchtigkeit, oder schon Regen? Das ist der Spielraum, auf den sich ein Optimist und ein Pessimist einigen können. Schließlich wollen beide das gleiche. Der nach unten und der nach oben gebogene Mund ergeben zusammen eine gerade Linie. Den Romantiker charakterisiert hingegen ein rascher Wechsel von Enthusiasmus und Schwermut.
»Es ist elend steil, findest du nicht auch? Ich geh schon fast rückwärts. Gib mal die Karte! Mann, schau dir die Höhenlinien hier an.«
»Das kann man nicht ändern«, antworte ich.
Wenn ich geahnt hätte, dass Harry so nerven würde.
»Der Himmel hängt ganz schön durch.«

»Stell dir vor, als der Heine hier unterwegs war, hat er keine Flugzeuge gehört.«
Harry ignoriert, was ich sage, geht weiter, pflückt Pusteblumen am Wegrand und bringt ihre Schirme zum Schweben. Wir gehen schwitzend und schweigend an der schmaler werdenden Bremke entlang. Auf einer Wegspinne stehen wir endgültig im Nebel, der Bach ist weg und mir wird klar, dass ich den Weg verloren habe.
»Verlaufen gehört im Wald wohl dazu?«
»Kann doch mal passieren«, verteidige ich mich.
»Schon mal was von GPS gehört?«
»Das kann ja jeder.«
»Mir ist irgendwie kalt.«
»Mir ist warm.«
»Es ist schwül.«
»Feucht und kalt.«
»Nass und warm.«
»Okay, es ist schwül.«
»Gib mal die Karte. Mann, geht das hier steil rauf.
»Wir sind in den Bergen!«
»Es wird Regen geben.«
»Glaube ich nicht.«
»Eins sage ich dir, wenn es anfängt zu schiffen, gehe ich zum nächsten Bahnhof, und ... tschüss.«
»Hier gibts keinen Bahnhof.«
Er stöhnt, zeigt auf den linken Weg und geht voran.

Die Wolken reißen auf und es wird schlagartig wärmer. Wir laufen durch ein Treibhaus. Hinter einer lichtgrünen Biegung finden wir einen Teich. Die Oberfläche funkelt, als hätte jemand Silberspäne verstreut. Und mittendrin ein Kopf. Ein Mann, bewegungslos bis zum Kinn im Wasser.

Ich schaue Harry an. »Was macht der?«
Harry hebt wegen meiner Begriffsstutzigkeit genervt beide Augenbrauen. »Er schaut die Wasseroberfläche an. Die Luft, die darin herumschwirrenden Insekten.«
»Ach was«, antworte ich und gehe weiter.
Die Natur hat eine Neigung zur Harmonie: Grün und Blau und Silber. Am Himmel schiffen die Wolken, erzählt das gelbe Reclamheft. Luft und Licht erzeugen aber auch schmerzhaft scharfe Kontraste. Trotz der körperlichen Anstrengung spüre ich, dass der Zivilisationskrampf schon von meinem Gesicht verschwunden ist, die Haut sitzt irgendwie lockerer als gestern. Ich fühle mich gelöst. Nicht losgelöst und schon gar nicht völlig losgelöst, aber gelöst. Hier ist alles, wie es ist. Mehr möchte ich gar nicht wissen. Information ist Ballast. Keine Zeitung, kein Smartphone, Katastrophen finden nicht statt. Bürgerkriege? Vorbei! Sinkende Schlauchboote? Hier nicht! Eine Pause von der Geschichte. Ohne Uhr verrinnt die Zeit so tropfend weich, dass man nicht einmal merkt, dass sie verrinnt. Selbst das Verrinnen ist nur eine Metapher für etwas, das wir nicht wirklich verstehen.
Pause. Wenn man auf dem Rücken liegt, hängen die Kronen der Bäume in den Himmel hinein und man versteht, was für ein wunderliches Ding so ein Baum ist. Am einen Ende verwurzelt, am anderen verzweigt. Die Erde nimmt mich mit. Im Magen spüre ich, wie sie sich dreht. Was sind Stunden, Jahre? Was ist eine Stunde im Harz? Was kann mir passieren? Vielleicht gibt es Regen. Na und.

Es ist anders, sich gehend einer Stadt zu nähern. Plötzlich taucht sie hinter den Bäumen auf. Clausthal-Zellerfeld. Hier hat Heine Dorothea und Karolina besucht. Hier wurde das Drahtseil erfunden und die Sprengpatrone, aus der das Dynamit und damit der Nobelpreis hervorgegangen sind. Wer hätte das beim Anblick dieser harmlosen Häuschen gedacht. Wir. Wir gehen. Hoch, runter und am andern Ende wieder hoch. Wir sind erschöpft und lassen uns im Schatten einer Kastanie auf die letzten freien Stühle vor einem Gasthaus fallen.
Harry meint, er würde die Gelegenheit nutzen, um mal zu verschwinden.
Aus Clausthal stammt das erste alkoholfreie Bier Deutschlands. Was einem alles durch den Kopf hüpfen kann.
Die Bedienung kommt und ich bestelle ein Radler. Ein großes, eiskaltes Radler, so gemischt, dass es noch einen Hauch von Herbheit enthält.
Die junge Frau schaut mich geduldig an und nickt.
Gegenüber ist eine Schule. Das sieht man daran, dass gerade ein Wagen nach dem anderen vorfährt, eine Mutter die Tür öffnet und ein, manchmal auch zwei oder drei Kinder einsteigen. Nicht mehr wie zu Heines Zeiten nach Geschlechtern getrennt, sie stürmen auch nicht springend und jauchzend in die Freiheit, wenn die Glocke endlich zwölf schlägt. Es ist schon wesentlich später und zu Hause wartet wahrscheinlich der Nachhilfelehrer.
Bei meinen Beobachtungen habe ich eine Frau übersehen, die an meinen Tisch herangetreten ist. Smartphone in der Hand, etwas Aktentaschenartiges unter dem Arm fragt sie,

ob sie sich setzen kann. Bevor ich antworte, lässt sie sich stöhnend auf Harrys Stuhl fallen. Die Bedienung stellt ein golden glänzendes, mit Kondenswasser überzogenes Glas auf den Tisch.

»Für mich das Gleiche,« sagt die Frau.

»Gern, Frau Doktor Specht«, antwortet die junge Bedienung kokett.

»Ehemalige Schülerin«, sagt Frau Doktor Specht klärend in meine Richtung, während sie ihr Smartphone und eine Schachtel Zigaretten auf den Tisch legt.

»Sie sehen fertig aus«, antworte ich.

»Selbstgesteuertes Lernen«, sagt sie.

Die Bedienung ist schon zurück und gibt Frau Specht das leuchtende Glas direkt in die Hand.

»Prost«, sagt sie, setzt an und wir trinken unsere Gläser halb leer. »Ahhhh!«

Kühle, fast schon Kälte, süße Herbheit, Alkohol: im Mund, auf der Zunge, am Gaumen, Zitronenaromen mit langem Abgang, in der Kehle, im Kopf, im Blut, überall. Für diesen Moment hat sich der Aufstieg gelohnt.

»Tut gut, bei der Hitze«, sage ich.

»Das Einzige, was hilft«, antwortet sie.

Ich schaue sie fragend an. Man kriegt die Leute nicht zum Sprechen, wenn man selbst spricht. Etwas Geduld, etwas Stille, eine individuell abgestimmte Mischung aus Interesse und Desinteresse und sie fangen an zu reden. Sie rutscht etwas tiefer, als wäre die Spannung, die sie zielgenau bis hier auf diesen Stuhl geführt hat, beim Trinken abgeflaut.

»Selbstgesteuertes Lernen«, sagt sie, hebt ihr Glas, leert es und es sieht einen Moment so aus, als wolle sie es auf den Boden werfen. Aber die Bedienung ist schon da,

nimmt es ihr aus der Hand und stellt ein volles Glas auf den Tisch.
»Danke, Lisa.«
Frau Doktor Specht sieht aus, als sei sie aus einer großen Dunkelheit gekommen, durch eine Schleuse gegangen und nun auf einem Niveau angekommen, auf dem ihr inneres Licht langsam wieder zu flackern beginnt.
»Selbstgesteuertes Lernen heißt, Lernen zu regulieren, sich selbständig Lernziele zu setzen, dem Inhalt und Ziel angemessene Techniken und Strategien auszuwählen und sie auch einzusetzen. Die Motivation aufrechtzuhalten, während und nach Abschluss des intensiven Lernprozesses die Zielerreichung zu bewerten und, wenn notwendig, die Lernstrategie zu korrigieren. Defizite in der Selbststeuerung sollen mittels Feedback in einem Coaching-Gespräch beseitigt werden.«
»Hört sich an wie die berühmte negative Erziehung«, sage ich.
»Schön wärs,« antwortet sie. »Sie sind vom Fach?«
»Sind wir nicht alle irgendwie Lerner?«
»Damit fängt es an. Lerner sind keine Kinder und keine Schüler mehr und sie sollen es auch gar nicht sein.«
»Klingt aber top-innovativ.«
»Ja, vieles ist top.«
Ich trinke mein Radler aus und gebe Lisa mit einem Fingerzeig zu verstehen, dass sie die Luft aus meinem Glas rauslassen soll.
»Der neue Schüler ähnelt einer Schaltzentrale. Das ist Kybernetik-Vokabular und Kybernetik«, sie hält kurz die Hand vor den Mund, um mit der Routine der geübten Rednerin einen kleinen Rülpser abzufangen, »Kybernetik bezeichnet die technische Verschränkung von Mess- und

Regelfunktionen. Kann man am Beispiel eines Heizungsthermostats erläutern! Ohne Thermostat müssten Sie die Heizung, wenn es zu warm oder zu kalt ist, andauernd selbst an- oder abschalten. Da hilft Regeltechnik. Sie können eine Temperatur einstellen, die dann durch Selbstregulation gehalten wird. Irgendwo in diesem Kreislauf wird der vom Messfühler erhobene Ist- mit dem Sollwert abgeglichen und hemmt beim Erreichen des Sollwertes den weiteren Warmwasserzulauf, beziehungsweise öffnet ihn, sobald der Sollwert unterschritten ist.«

Sie macht eine Pause, scheint sich beruhigt zu haben, holt Luft, nimmt einem moderaten Schluck aus dem vollen Glas und fährt fort: »Damit gelingt es dem System, selbstregulierend auf variable Außenbedingungen zu reagieren. Klingt abstrakt, lässt sich aber schlicht auf den Schüler übertragen: Wie ein kleiner Roboter navigiert er selbstgesteuert über die Klippen, die wir ihm durch sogenannte Lernpakete und Wochenpläne als Aufgaben mit auf den Weg geben. Er steuert dabei die Ziele an, die im Raster vorgegeben sind. Er vergleicht Ist- und Soll-Werte seiner Kompetenzen, wählt und reflektiert seine Lernstrategien, bis er die Ziele erreicht.«

»Vielleicht ist der Vergleich, den Sie gewählt haben, etwas unfair. Wo bleibt denn dann Ihre Rolle als Lehrerin.«

Sie schaut mich an. »Bin keine Lehrerin. Bin eine, bitte beachten Sie die grammatische Form, Lehrende.« Sie prostet mir kurz zu. Wir trinken, stellen unsere Gläser gleichzeitig ab. Sie scheint durch den Alkohol langsam ihren angestrebten Sollwert erreicht zu haben.

»Wissen Sie, was das für eine Arbeit macht, diese Lernpakete zu schnüren? Hat dazu geführt, dass ich alle Komposita mit Paket hasse: Weihnachtspaket, Rettungspaket,

Rentenpaket, Steuerpaket.«
Sie angelt eine Zigarette aus der Schachtel auf dem Tisch und fängt an zu rauchen, genießend, aber bewusst und reflexiv, als würde sie damit die Feineinstellung ihrer Werte vorantreiben.
»Der Regelkreis gilt aber nicht nur für die intellektuelle Seite des Lernens, sondern auch für die Motivation der Lerner. Auf der motivationalen Ebene zeichnen sich selbst regulierte Lerner dadurch aus, dass sie in der Lage sind, sich selbständig zu steuern und sich selbst zu motivieren, Lernvorgänge gegenüber konkurrierenden Handlungen und Wünschen abzuschirmen und Erfolge und Misserfolge angemessen zu verarbeiten.«
Sie wackelt mit ihrer Zigarette wie mit einem Ersatzzeigefinger, schaut mich an, als würde sie sich über ihre eigene Geste wundern und wirft die halb gerauchte Zigarette abschätzig auf den Boden.
»Das ist was ganz anderes, als seine Motivation aus einem reizvollen Stoff oder aus einer Beziehung zu einer fordernden und ermutigenden Person zu schöpfen.«
Sie schaut auf die qualmende Kippe, hebt den Fuß und tritt sie aus, als würde sie ihr damit eine Gnade erweisen.
»Als Verfechterin des autodidaktischen Lernens und des universellen Geistes stehe ich der materialen Bildungstheorie und dem normativen Lernen, wie es im Gefolge der PISA-Debatte gerade eine Renaissance erlebt, entsprechend kritisch gegenüber. Nein, ablehnend, oder besser: Ich verachte sie. Das Lernen ist für mich aufs engste mit der Persönlichkeit verknüpft. Weder die Lehrmethode noch das Tempo der Lernschritte ist schematisierbar. Der Schlüssel zu einem erfolgreichen Lernen liegt nicht in der Nähe zum Wissen, sondern in der Nähe zum Kind.«

Ich schaue zu ihr hinüber und spitze anerkennend die Lippen. »Klingt nach Romantik.«
Sie nickt mir stolz zu und legt durch meine Zustimmung ermuntert wieder los: »Der selbstgesteuerte Lerner ist kein Modell, das beschreibt, wie Kinder lernen. Es beschreibt, wie Kinder umerzogen werden.« Sie hebt ganz leicht die Stimme und fährt etwas lauter und deutlicher fort: »Es handelt sich um ein anti-humanistisches, also unmenschliches Modell, weil es vom Kind verlangt, sich wie eine Maschine zu verhalten. Dabei«, sie schaut mich traurig an, »werden wesentliche Kernbestände von Bildung verstümmelt.«
»Das«, falle ich ihr ins Wort, um ihr noch etwas mehr Schwung zu geben, »interessiert mich.«
Sie beugt sich so weit vor, dass ich ihre Fahne aus Radler und Rauch riechen kann.
»Selbsterkenntnis zum Beispiel, wie sie schon das Orakel von Delphi forderte, ist etwas anderes als das Messen der eigenen Leistungsdaten. Urteilskraft, ich sage nur Kant, und ich weiß, dass Sie wissen, was ich meine, bedeutet nicht, Soll- und Ist-Werte miteinander abzugleichen. Sprache bildete für den immer gern für Bildungswerbung zitierten Humboldt eine Weltansicht, Sprache kann nicht reduziert werden auf ein Signalsystem, das Steuerungsimpulse und Messwerte kommuniziert. Und last but not least meine Rolle.« Sie hat sich, um ihre Worte zu unterstreichen, kerzengerade aufgerichtet und beide Hände auf ihre Brust gelegt. »Würdigung oder Kritik geschehen und gelingen nur als persönliche Begegnung, dabei handelt es sich um eine Auseinandersetzung zwischen Menschen über oder mit einer Sache. Lernen schließlich ist etwas ganz anderes als der strategische Erwerb und die Optimie-

rung von Anpassungsfunktionen. Und das pädagogische Ziel der Mündigkeit schließlich beschreibt etwas anderes als Selbstregulierung.«

Sie hat ausgetrunken.

»Wahrscheinlich werden Lehrer bald durch Roboter ersetzt.«

»Ja, Vier-Punkt-Null«, sagt sie, steht auf und macht einen kleinen, von Radler und Zigarette verursachten tänzelnden Schritt auf mich zu. »Was aber passiert, wenn sich alle nur noch auf sich selbst beziehen?«

Sie nickt zum Abschied und geht ab.

Dort, wo sie gesessen hat, erscheint im Mittelgrund wieder das langsam schärfer werdende Bild von der Schule, das ich jetzt mit ganz anderen Augen sehe. Individuelle Fahreinheiten, gesteuert von einer Universalküchenmaschine, holen kleine, einen riesigen Ranzen auf dem Rücken tragende Module ab. In der Schule haben Lehrende die komplizierte Software der Module justiert, und, wenn nötig, Kühlflüssigkeit oder Treibstoff nachgefüllt. Die Lerner verlassen die Schule, machen zwei Schritte über den Gehsteig und verschwinden hinter einer Autotür. Einen Schulweg scheint es nicht mehr zu geben. Selbst Sisyphos ... aber, das hatten wir schon. Ich will mich schon zufrieden ins Präreflexive zurücklehnen, da meldet sich noch ein anderer Satz: Ein Geisteszustand, der sozialen Rhythmen angemessen ist, die elektronisch und digital vermittelt sind, führt notwendig dazu, dass Erziehung und Bildung immer mehr durch Training und Passförmigkeit der Inhalte ersetzt werden.

Im fiebrigen Himmel über dem Schulgebäude glänzt die Dublone. Irgendwer hat die Buchstaben KI in sie eingeritzt. Harry tritt in meine Vision, schaut auf den Tisch, auf

die beiden leeren Gläser und dann auf mich. »Alkohol ist bei so einer Wetterlage kontraproduktiv.«
»Aber eine freie Entscheidung«, antworte ich.
Er zuckt die Achseln und ich stehe mit einem beschwingten Gefühl auf.

Kein Zimmer, nirgends

Das Tourismusbüro wirbt in seinen Auslagen für Urlaub aus lauter Ich-Momenten. Was das ist, zeigen die Fotos von lauter glücklichen Menschen in der Landschaft, beim Klettern, beim Essen und vor einer rot untergehenden Sonne. Die Frau sucht für uns nach einem Zimmer. Sie schüttelt stöhnend den Kopf, hebt die Schultern, lässt sie fallen. Die Schwüle. Ihre Erschöpfung und unsere Erschöpfung, eine gemeinsame Kapitulation. Kein Zimmer. Bei soviel Leerstand. Oder wegen des Leerstands? Wir sind enttäuscht, am Boden zerstört. Sollen wir ein Haus besetzen?
Zurück auf der Straße geraten wir in eine Gruppe grauhaariger Frauen, die ihren Rollator zu einer Konditorei schieben, davor parken und verschwinden. Momentan überragt ein blauer Himmel den Tag, vertieft von Wolken, die aussehen wie aufgequollener Blumenkohl. Ein schläfriger Windhauch. Der Sommer hat etwas unermesslich Hohes. Und wir, wir schwitzen, hängen rum im Flair der glorreichen Bergbaustadt, vor der größten Holzkirche Deutschlands, um die die hiesigen Stadtplaner eine Steinwüste verlegt haben, die sich in der Sonne herrlich aufheizt. Die türkisblaue Kirche, hören wir, hat einen Steinboden bekommen und ist seit Neuestem isoliert. Nun kann die

EVANGELISCH-LUTHERISCHE MARKTKIRCHE
ZUM HEILIGEN GEIST, CLAUSTHAL-ZELLERFELD

Feuchtigkeit nicht mehr raus. Folge: ein kompliziertes Heizungs- und Lüftungssystem. Arbeit zieht Arbeit nach sich und Kosten bringen Kosten hervor.
Wir schleppen uns in einen kleinen Park, werfen die Rücksäcke ab und kicken herrenlose Bierdosen über den Rasen. Harry verliert die Lust, setzt sich auf einen Stein, scharrt auf dem Boden eine Hand voll Kiesel zusammen und wirft sie einzeln in einen fünf Meter entfernten Blecheimer. Pling. »Der Harz, wo die Vergangenheit so unglaublich langsam versickert«, pling, »Weltkultur- und Naturerbe mit drei Großstädten im Einzugsgebiet«, pling. »Die Immobilienpreise auf bestem Spekulationsniveau.« Pling. »Plus globale Erwärmung.« Pling. »Der schöne Stillstand hier wird bald in Bewegung geraten.« Pling. »Für kurze Zeit. Dann wird alles erstarren.« Pling. »Dann wird es nur noch Zukunft geben. Und eine Sehnsucht nach dem, was uns verloren gegangen ist. Denn nur das Neue, das sich besser verkaufen lässt, wird überleben.«
Ich schüttle den Kopf und nutze die Gelegenheit, um an einer Bank mit dem launigen Namen »Alte Münze« ein paar nagelneue Scheine aus dem Automaten zu ziehen. Harry schaut mir zu und fängt an, einen Rhythmus zu brummen, ein Lied zu summen, dann Wörter wie Zentralbank und Geldschein, und die Wörter gehen voran, als gingen sie ganz von allein, werden Text, wie verhext: »Wie viel Gutes und wie viel Böses wirst du stiften, wirst das Laster beschützen, das täglich über uns siegt. Du wirst geliebt, gibst die Illusion von Macht, wirst immer mitgedacht. Bringst Paare zusammen, reißt Familien entzwei und hört man von Streit, eins ist sicher, du warst dabei. Deine Kinder sind Zinsen auf karibischen Konten. Du wirst verwünschen und schwelgen, kuppeln, lügen und

morden helfen. Du bist der Reichtum, deine Macht reicht so weit wie das Himmelreich, weich und kalt zugleich. Du irrst rastlos umher, durch reine und schmutzige Hände von Verlierern, Schlägern, Waffenschiebern, die wie im Fieber den Zaster verprassen, vor lauter Hast nicht aufpassen, bis die Bullen sie fassen. Du irrst umher, mit Schuld beladen und schwer, der Vater, der Sohn, der Lohn der Sünden und mehr, bist einer von vielen Gründen, warum man Gerechtigkeit immer vergisst, schmerzlich vermisst. Du, der alle benebelt, den Verstand knebelt, liegst in seiner Hand, wie blauer Samt.«

Ich halte ihm die Scheine unter die Nase: »Es ist nicht schlecht, zwar nur Papier, abers ist echt ... Geld kann man nicht verachten.«

»Bist du dir sicher?«

»Hm.«

»Das meiste hier läuft doch auf Kredit. Das heißt, du musst daran glauben. Und was dieser Glaube wert ist, wir sich noch zeigen.«

Harry hat wirklich eine aufbauende Art. Er nennt das Realismus und meint, das habe etwas mit Wissen, Vernunft und Denken zu tun.

»Dieser Souverän, das Volk, von dem du vorhin gesprochen hast, wählt Schauspieler, Milliardäre, Generäle, Mafiosi, Geheimdienstler und Rattenfänger als seine Repräsentanten.«

»Das«, antworte ich, weil ich kaputt bin und keinen Bock auf eine Diskussion habe, »liegt am Präreflexiven, der fehlenden Bildung und dem Nicht-Denken-Können.«

»Was ist das: Nicht-Denken-Können. Wie soll das gehen? Und wer kann nicht denken? Die Wähler oder die Gewählten?«

Ich ziehe den Rucksack am Gurt, packe ihn mir auf den Rücken und gehe los.
»Wo willst du hin?«
»Ins Präreflexive ... komm.«
Er trottet mürrisch hinter mir her.
»Es wird Regen geben.«

Wir schleichen am Gasthaus »Zum Wilddieb« vorbei. Die Stadt ist hier schon dunkel, wie ein Wald. Aber der Wald, der dann kommt, ist verstörend. Tannen, die weite Durchblicke erlauben und gleichzeitig wirken wie eine Wand, wie ein Lebewesen aus immer gleichen senkrechten Stämmen, die mit ihren abgestorbenen Ästen um sich greifen. Kein Unterholz, ein lockender Wald, ein trauriger Wald, schwermütig und bedrohlich. Eine märchenhafte Verlockung, die auf ein Verschwinden hin angelegt ist. Wir gehen. Im Dunkel zwischen den Stämmen eine Silberfläche. Erschrocken und neugierig nähern wir uns, wie man sich etwas Verzaubertem nähert. Ein Teich, in dem sich der Wald mit allen seinen Grüntonen spiegelt, dunkle Tannenschraffur, helle Büsche und der Himmel, als ob es hier unendlich tief hinuntergeht in eine andere Welt. Aber es ist dein Spiegelbild, das zu dir spricht.
Das Licht ist plötzlich anders. Wachsam alles. Die Luft hat einen bläulichen Schimmer. Ein letzter Sonnenstrahl verblasst, als würde ihn jemand, der über den Bäumen steht, aus dem Wasser und aus dem Wald ziehen. Das Laub knistert vor elektrischer Spannung. Ein falsches Wort und es donnert. Wenn wir wollten, könnten wir sofort ein Gewitter auslösen. Wir machen das Wetter. Solange es nicht regnet, denke ich trotzig, ist nicht erwiesen, dass ein Gewitter über uns lauert. Gut, die Wolken blähen sich auf,

quellen nach oben, Cumulus könnte man sagen, mit einer Tendenz zu höheren Schichten, aber noch nicht schirmartig gebogen, keine Ambossform und an der Unterseite diffus mit einer leichten Neigung zum Grau. Zugegeben, es tröpfelt, jedoch so vereinzelt, dass man zwischen den Tropfen durchgehen kann. Was bedeutet das schon.

Harry bleibt plötzlich stehen. »Misstrau der Idylle«, legt er ohne Einleitung los. »Früher war es einfacher, die Verhältnisse klarer, die Demokratie Zukunftsmusik. Die Intellektuellen konnten sich leicht als Helden begreifen. Und dann dieses romantisierte machtlose Volk als Katalysator. Wen willst du heute noch idealisieren?« Er schaut verschmitzt zu mir rüber.

Ich zucke mit den Schultern.

Er schaut mich mitleidig an. »Du erzählst das hier vielleicht nur, um etwas anderes nicht erzählen zu müssen. Deine Wünsche weisen in die eine Richtung und deine Gedanken gehen in eine ganz andere.« Er überholt mich und geht schweigend weiter. Vielleicht war es doch keine so gute Idee, einen Gesprächspartner zu erfinden. Harry dreht sich kurz um und schaut mich an, als könne er meine Gedanken lesen. Und sein Blick sagt, dass es feige wäre und inkonsequent, ihn zu beseitigen.

Eine lange Reise durch die Nacht

Wir gehen, unter dem Baldachin der Bäume. Die Luft hat eine Farbe wie Wasser und strömt durch die Blätter herab. Langsam wird es Abend. Wir haben keine andere Wahl als weiterzugehen. Da, auf der Karte, die Schutzhütte liegt auf unserem Weg. Wenn Karte und Gebiet sich entspre-

chen. Die Wolken ballen sich zu einer handfesten Drohung. Harry schaut mich kurz an, als wollte er sagen, dass er genau das vorausgesagt habe. Das aufziehende Gewitter ist mit Händen zu greifen. Kein Vogelgesang, kein Insektengeschwirr. Gespenstisch. Fehlt nur noch eine Rotte Wildschweine, die aus dem Dickicht hervorbricht und uns als Gefahr für ihre Jungen empfindet.
Der Weg führt leicht bergauf. Ich schwitze. Aber, nehme ich mir vor, nur nicht nervös werden. Pan sitzt auf einem Baum und schaut auf uns herab. Da ist die Hütte. Aber das Dach ist kaputt. Harry schüttelt den Kopf. Pan lacht. Wir gehen weiter. Pan führt seine Flöte zum Mund. Ich bleibe ganz ruhig. Wir werden sehen. Harry schweigt verbissen. Besser so. Pan ist von hinten auf meinen Rucksack gesprungen. Ich spüre sein Gewicht, die Gurte klammern sich an meinen Schultern fest und schnüren den Brustkorb ein. Er schreit mir ins Ohr. Es wird gleich vollkommen dunkel. Und dunkel heißt im Harz mit so vielen Wolken tatsächlich dunkel. Atmen ist fast schon unmöglich. Ich hechle, schlurfe weiter. Wegbiegung voraus. Jede Wegbiegung eine Hoffnung und ein Ziel. Bis zur Biegung. Und dann? Habe ich Donner gehört? Ein Grummeln, als rutsche weit entfernt Geröll in ein Tal. Der Weg macht eine scharfe Kurve. Ich glaube es nicht! Ein Haus, groß wie ein Schloss. Mitten im Wald. Ein Hotel. Ich atme tief durch. Pan rauscht gehässig schimpfend davon. Aber in seinem Schimpfen ist auch ein hämisches Lachen.
»Na, Harry, wer hätte das gedacht.«
»Glück gehabt«, antwortet er.
»Nicht aufgeben«, antworte ich, »nie aufgeben!«
»War mir klar, dass in deinem Kopf dieses Nicht-Aufgeben-Gesülze herumspukt.«

FATA MORGANA

Vielleicht hat er Recht. Sicher hat er Recht. Hotel zur langen Dämmerung, lese ich über dem Eingang. Harry ist noch nicht fertig. Er hat sich entschlossen, weiter den Pessimisten zu geben, grinst fies, zeigt auf den schwungvollen Schriftzug und stichelt. Ich fege seine Bedenken mit einer triumphierenden Handbewegung weg. Er bleibt stehen, schaut mir ganz unironisch in die Augen und ich merke, dass er es diesmal tatsächlich ernst meint.

»Bleib wach!«, sagt er drohend, als sollte das für lange Zeit sein letztes Wort bleiben.

Ich gehe weiter, die Freitreppe hinauf, durch den Eingang und stehe mitten in der Lobby. Spiegel an den Wänden und ein spiegelnder Boden. Kein Mensch außer mir, kein Service. Wo ich über die glänzenden Fliesen gelaufen bin, habe ich Dreckspuren hinterlassen, vom Eingang bis zu mir, als wollten sie mit dem Finger auf mich zeigen.

Willkommen zum Treffen der Freunde des gesunden Menschen und des Verstandes prangt ein Transparent über einer Tür, deren Flügel so weit offen stehen, dass ich nicht anders kann als durchzulaufen. Ein Tagungsraum, nein, eher ein Saal für hunderte von Leuten. Eine metergroße Beamer-Projektion, auf der GESUNDHEIT und Krankheit und Ärzte dreidimensional umeinander kreisen und sich zu immer neuen Kompositionen zusammenfinden.

»Was ... soll ... das?«, meldet sich Harry zurück, der in der Tür stehen geblieben ist und misstrauisch wie ein wildes Tier in den Raum wittert.

»Neugierde.«

Nach einem ungläubigen Grunzen murmelt er etwas, aber ich höre sein »killed the cat« ganz deutlich.

Vornehme Tischdecken, die bis auf den Boden reichen, Italian Style. Der Harz holt auf. Der Harz rockt das Tagungsgeschäft. Ich schnappe mir eins von den schon eingeschenkten Gläsern. Lecker, irgendeine Biolimonade mit einem seltsam bitteren Abgang. Es nähern sich Stimmen, klimpernde Flaschen und Gläser. Ich weiß nicht warum, aber ich krieche unter einen der Tische und beobachte durch einen Spalt zwischen zwei Tischdecken, was passiert.

Harry ist neben mir. »Unerklärliches regressives Verhalten«, kommentiert er mein Abtauchen. Ich zucke die Schultern.

Die Bedienungen schieben Wagen mit lauter Flaschen herein. Bevor sie die restlichen Gläser auffüllen, lassen sie kleine rosa Pillen hineinfallen. Harry knufft mir den Ellenbogen in die Seite und fängt an, leise zu kichern. Die Bedienungen ziehen tuschelnd und feixend ab. Dann nähern sich Schritte, eine ganze Herde, der Boden vibriert. Anzugträgerinnen und Anzugträger. »Echt gute Idee, unter den Tisch zu krabbeln. Wir könnten so tun, als hätten wir was verloren.«

Er geht mir auf den Geist. Auch wenn er Recht hat. Aber jetzt zum Vorschein zu kommen, ist unter meiner Würde. Ich mache es mir bequem. Die Tische sind breit genug, wir haben zwischen den Beinen genug Platz. Nur an den Schuhen kann man erkennen, ob eine Frau oder ein Mann vor uns sitzt. Ich linse durch den Spalt zwischen den herunterhängenden Tischdecken. An der Kopfseite steht einer auf, ein kurzes Klirren von einer Gabel an einem halbvollen Glas.

»Liebe Kolleginnen und Kollegen, liebe Freunde, ich freue mich, euch alle hier und heute zu unserem Treffen der Freunde des gesunden Menschen und des Verstandes willkommen zu heißen. Ich begrüße die neunundsiebzig

Vorsitzenden der Vereinigung der Klinikbetreiber. Schön, dass Sie so zahlreich erschienen sind.«

Netter Applaus.

Er deutet in die erste Reihe: »Der Vorsitzende des Bezirks Harz 3, Doktor Jens Splitter, wird zu einem für uns alle eminent wichtigem Thema referieren: Umverteilung von Beiträgen ohne Risiken und Nebenwirkungen.«

Kurzer Applaus.

»Und ich begrüße ganz herzlich die dreiundachtzig Vertreter der freien Fachärzte. Die Vorsitzende Frau Professor Doktor Doktor Frida Keulen spricht über die neue Rolle der Ärzte als Risikobewerter und die bipolare Wirkung von Anwendungsbeobachtungen.«

Applaus.

»Über die Implementierung betriebswirtschaftlicher Inhalte in neuen Studienordnungen, insbesondere in Bezug auf die kreative Gestaltung neuer Normen und Grenzwerte zur Reduzierung des Vertrauens in den eigenen Körper, wird Professor Doktor Jürgen Angstmann referieren.«

Gut gemeinter Applaus.

»Als Ehrengast begrüße ich Professor Kevin Bösherz von der Deutschen Defibrilator-Gesellschaft mit seinem richtungsweisenden Vortrag über das Sterbeverbot bei Hirntodpatienten.«

Frischer Applaus.

Der Sprecher ist feist und kahl. Könnte auch der Leiter einer Bank oder eines Autokonzerns sein. In seinen kleinen rhetorischen Pausen schwillt das Klatschen langsam an und ab, als gehöre es zu seiner Rede. Sein Anzug sitzt so stramm über dem Speck wie der Overall eines Rennrodlers. Sein Mund, ein schräger Strich, der sich beim Lächeln mit einem feinen Schmiss vereint.

»Bevor wir zu unserem ersten Tagespunkt kommen, der Beschließung von Innovationen im Psychiatrie- und Pharmabereich, möchte ich Ihnen den neuen Slogan für unsere Corporate Thinkenity vorstellen.« Der Saal wird dunkel und an der Wand erscheinen Buchstaben, die durcheinanderwirbeln und dann zu einem Slogan zusammenfinden. Gesundheit ist Krankheit.
Spontaner Applaus.
Um uns herum beginnen die Beine freundlich zu zucken. Ich beginne mich unwohl zu fühlen. Mein Magen verströmt plötzlich eine seltsame Wärme und Taubheit. Harry schaut mich mit einem arroganten Ich-habs-ja-gewusst-Ausdruck an.
Der Redner hebt die Hand, es wird stiller und wieder heller.
Die rhetorische Wurstpelle macht ein zufriedenes Gesicht.
»Ich beginne mit unserem Geschäftsbericht. Weltweit haben wir im vergangenen Geschäftsjahr vierundneunzig neue Krankheiten erfunden, dreiundfünfzig psychische Störungen der Zweckrationalität oder Anpassungsleistung und einundvierzig physische, verbunden mit über dreihundert neuen Symptomen. Wir sind dadurch in der Lage, in noch größerem Umfang Krankheiten zu behandeln, die es gar nicht gibt. Der Erhöhung von Behandlungen steht eine Halbierung der Behandlungszeit pro Patient gegenüber.«
Beifall.
»Es ist uns gelungen, in Deutschland die Behandlung mit Stents auf das dreifache des EU-Durchschnitts zu heben, auf ein Umsatzvolumen von rund zwei Milliarden Euro.«
Ein Raunen.
»Ich möchte ausdrücklich die gute Zusammenarbeit mit den Medien erwähnen. Die dort vermittelten Images haben

in den letzten Jahren von einer fünfzigprozentigen Zufriedenheit mit dem Selbstbild zu einer achtzigprozentigen Unzufriedenheit geführt. Der Markt für Antidepressiva und Therapien hat sich, gerade bei Jugendlichen, verdreifacht.«

Warmer Applaus.

»Einen wichtigen Baustein in unseren Geschäftsmodellen konnten wir weiter ausbauen: Die Vorsorge. So erzeugen wir permanent und flächendeckend Sorgen. Wo nichts war, ist Sorge!«

Begeisterter Beifall.

»Stimmen Sie ein«, ruft er in das Mikrophon. Und sofort schallt es durch den Raum:

»Wo nichts war, ist Sorge.«

Die tänzelnde Fleischwurst lässt den Chor wie eine warme Dusche an sich herunterlaufen. Als wieder Ruhe eintritt, fährt er fort: »Es ist uns gelungen, das operative Geschäft in allen Bereichen zu steigern. Besonders loben möchte ich den Kreis Fulda. Dort liegt die Zahl der umsatzstarken Wirbelsäulen-Operationen um ein Dreifaches über den Bundesdurchschnitt. Tendenz steigend.«

Frenetischer Beifall.

»Mehr Ärzte, mehr Krankheit«, brüllt er ins Mikrophon. Und sofort schallt es aus hunderten Kehlen wie ein einziges Echo zurück: »Mehr Ärzte, mehr Krankheit!«

»Im Bereich Psychopharmaka sind die Bezirke Würzburg und Unterfranken bundesweite Spitzenreiter. Dort ist es uns gelungen, die Zahl der Patienten zu verdoppeln. An Grundschulen verzeichnen wir eine Zunahme der Psychomedikamentationen von dreißig Prozent, zurückzuführen auf unsere intensive Aufklärungsarbeit bei Pädagogen, Lehrern, Eltern und Bildungspolitikern. Die verschiede-

nen von uns propagierten Anpassungsstörungen sind aus dem schulischen Diskurs nicht mehr wegzudenken.«
Stürmischer Applaus und ein wildes Scharren der Füße.
»Gesundheit ist Krankheit«, brüllt er, hebt die Hände wie ein Dirigent, und aus hunderten Kehlen erschallt es, dass die Gläser auf den Tischen klirren: »Gesundheit ist Krankheit!!!«
Beschwichtigend reckt er die Arme in den Raum und sofort herrscht Stille. »Trotz all dieser Erfolge haben unsere Schwerpunktbemühungen einen schweren Rückschlag erlitten.«
Die Stille wird so still, als hielten alle den Atem an. Er dehnt die Pause und im Saal spannt sich etwas, verdichtet sich zu einer bedrohlichen Unsicherheit, die alle Brustkörbe umklammert.
»Ihr alle wisst, ich bin nicht kleinlich. Wenn ein Verantwortungsträger unter dem Einfluss von Medikamenten einen Unfall verursacht, liegt das in der Natur der Sache. Dafür haben wir unsere Abteilung Kommunikation.«
Die Stille schlägt um in Panik. Eine Pause, als wolle er die Spannung so lange erhöhen, bis etwas reißt. Es riecht nach Angst und dem Wunsch zu verschwinden.
»Liebe Freunde des gesunden Menschen und des Verstandes, wir alle wissen, dass es ein weiter Weg war von den psychosozialen Ideologien und psychosomatischen Irrlehren der siebziger Jahre. Wir haben die pharmakologische Wende und den psychologischen Turnaround gegen enorme Widerstände erreicht und unsere Positionen systematisch ausgebaut. Wer das gefährdet, gefährdet uns alle. Darum habe ich Mitglieder der Global Public Relationship zu unserer diesjährigen Versammlung eingeladen. Und einige Vertreter der Abteilung Psycho-Logik und Ent-

wicklung.«
Er deutet in unsere Richtung und plötzlich sind die Füße um uns wie mit Blei ausgegossen. Schock. Starre. Die gesamte Aufmerksamkeit des Saales konzentriert sich einen halben Meter über unseren Köpfen. Draußen beginnt es zu donnern. Ferner Rolldonner. Irgendetwas ist mit mir. Ob in meiner Brause auch so eine Pille drin war? Mir ist ganz seltsam. Drei Kellner schieben eine riesige Torte in den Saal, genau vor den Tisch, unter dem wir sitzen.
»Jedes Medikament, das ist unsere Philosophie, ein Doppelnutzen.«
Hinter ihm tanzen Buchstaben über die Wand und finden lautlos zu Wörtern zusammen: EIN MEDIKAMENT ZWEI KRANKHEITEN.
»Eine Öffentlichkeitsarbeit, die das nicht in den Griff bekommt, stellt unsere gesamte Arbeit in Frage.«
Der Raum ist so still, als wäre er mit Plexiglas ausgegossen. Ich fühle mich high.
Um mich herum trippeln die Füße plötzlich auf der Stelle, als wären die dazugehörigen Körper auf die Stühle geklebt und so daran gehindert wegzulaufen. Das Trippeln wird zu einen hemmungslosen Scharren. Harry rutscht näher an mich ran. Wir müssen aufpassen, dass wir nicht auffliegen.
»Wie, frage ich euch, soll ich das beurteilen? Als Versagen? Sabotage an unserer Wertschöpfungskette, Verrat an unserem Projekt? So ein Verhalten, hat der Vorstand entschieden, können wir nicht tolerieren.«
Ich sehe, wie der Deckel zeitlupenhaft von der Torte fliegt und zwei Männer mit Plastikgewehren herausspringen. Als hätte jemand den Ton eines Films abgedreht, höre ich nur leise Plopp-Geräusche. Beine und Füße treten wild um uns herum, treffen mich an Armen, Beinen, in den Rippen

UNTER EINFLUSS DER „PILLE"

und am Kopf, begleitet von diesem giftigen nicht aufhören wollenden Plopp-Plopp. Unter den Tisch kullern bunte Pillen. Die Beine vor unseren Augen zittern und werden plötzlich ganz ruhig. Ein erschrockenes Raunen geht durch den Saal. Ich reiße die Tischdecke zur Seite, sehe die hirntoten pillenbedeckten Entwickler und PR-Agenten, springe auf, bleibe mit meinem Rucksack am Tisch hängen, zerre und zapple, werfe den Tisch mitsamt den darauf liegenden Toten um und renne los. Schreie, Tumult, Aggressionen: »Haltet den Mann! Knallt ihn ab«, donnert es durch die Lautsprecher. Ich renne. Der Saal ist albtraumhaft groß. Die Pillen prallen am Rucksack ab. Ich renne. Vor mir eine Glasfront, dahinter das grüne Dunkel des Harzes. Ich springe, wuchte mit der Schulter gegen eine torgroße Terrassentür. Ein Knall. Glas splittert, fliegt in der vornehmen Beleuchtung glitzernd durch die Luft. Jetzt, schießt es mir durch den Kopf, verstehe ich endlich Zoyd Wheeler. Aber was nutzt das? Ich lande in einem bunten Splitterregen auf allen Vieren im Freien, rapple mich auf, stolpere los. Mit einem gewaltigen Blitz beginnt das Gewitter. Fünf Schritte später der Donner. Peitschenknalldonner. Die Schreie sind näher gekommen, irgendwer grapscht nach meinem Arm, ich schüttle ihn ab, renne und renne. Der Regen setzt ein. Es geht um alles, es geht um mich. Es gießt, schüttet. Mein Rucksack wird mit jedem Schritt schwerer. Wenn sie mich kriegen, ist das das Ende der Reise, Reise ohne Wiederkehr, Reise ohne mich. Blitz, Donner und Regen. Ich laufe, wie ich noch nie in meinem Leben gelaufen bin. Das ist mein Ich. Ich spüre es so deutlich wie niemals zuvor. Mein Ich. Ich. Ich. Ein Blitz schlägt neben mir ein, ein Busch steht in Flammen. Sie wollen mein Ich. Meine Lungen, mein Herz pumpt

Blut. Flucht. Mein Wille hat sich selbstständig gemacht und treibt meinen Körper voran. Immer tiefer in den Wald, in den Regen. Es gibt also ein Ich. Die Stimmen meiner Verfolger kommen näher. Äste, die mir wie Peitschen ins Gesicht schlagen, aber kein Schmerz. Es ist, als würden sie sagen, du lebst, du lebst und der, der da lebt, bist du. Ich rutsche aus, und gleite über den Matsch einen Abhang hinunter. Mein Rucksack verhakt sich an einem Ast. Vor meinen Füßen geht es senkrecht in die Finsternis hinab. Ich starre in einen gähnenden Abgrund, mache mich, ich weiß nicht wie, los und krabble auf einem schmalen, glitschigen Grat weiter. Über mir näher kommende Stimmen. Im Hang ist ein Loch. Eine Höhle, ich krieche hinein. Meine Verfolger, hoffe ich, werden denken, ich sei in die Tiefe gestürzt.

Mein Brustkorb pumpt wie ein Blasebalg. Langsam komme ich wieder zu Atem. Es riecht nach Rauch. In der Tiefe der Höhle glimmt ein Feuer und um das Feuer hocken drei gespenstische Schatten. Von draußen höre ich Stimmen. Lieber Gespenster, als die Pharma-Fuzzis mit ihren Abwärtsspiralen. Ich schleiche mich lautlos ins Dunkel hinein. Harry, der Bedenkenträger, tippt mir auf die Schulter. Ich wische seine Hand einfach weg und robbe weiter in die Höhle hinein. In meinem Magen meldet sich jetzt wieder die seltsame Wärme von vorhin, aber mit Macht. Als ob Wellen des Wohlbefindens und der Angst von meiner Mitte ausgehen, mich durchströmen und langsam, aber sicher überfluten. Harry mischt sich wieder ein, nur eine Stimme im Dunkeln: »Na, beginnt die rosa Pille jetzt richtig zu wirken? Alter, das kann lustig werden.«
Die rosa Pille.

Denke ich noch? Denke ich noch, dass ich meine eigenen Gedanken denke?
Ich bin jetzt so weit in die Höhle hineingeglitten, dass ich die Schemen im Schein des flackernden Feuers erkenne. Drei Männer, nicht alt, aber auch nicht mehr jung. Zwerge vielleicht. Ich schwebe so nah an sie heran, dass ich verstehen kann, was sie sagen.
»Einst war das Alter, da der Riese Ymir lebte.«
»Da war nicht Sand nicht See, nicht salzige Wellen.«
»Nicht Erde fand sich noch Überhimmel, gähnender Abgrund, und nirgends Gras.«
»Und«, flüstert Harry, »hältst du das immer noch für die bessere Alternative?«
Seine Worte wabern wie ein warmes Plasma um mich herum.
Ich habe den Faden verloren. Ah, da ist er ja wieder. » ... auf Geheiß des Zwerges Goldemar treffen wir uns tief unter der Erde, und sehen den Untergang der Welt voraus. Windzeit, in der Natur und Mensch zur Ware geworden sind, und auch das Geld. Beilalter, in einer Welt, in der es kein Außen mehr gibt, und die Esche Yggdrasil zittert. Noch steht sie, neun Welten, neun Äste, es rauscht der alte Baum, noch netzt weißer Nebel die Esche, davon kommt der Tau. Schwertalter, Brüder befehden sich und fällen einander, das Vertrauen in das Vertrauen gebrochen, der eine schont des Anderen nicht. Der Einzelne weiß nicht, Einer zu sein, zu denken und zu entscheiden. Wolfszeit, ein Sündenbock segelt über die See für die gemeinsame Schuld. Viel weiß der Weise. Tief unter der Erde treffen wir uns, eh die Welt zerfällt.« Der Sprecher zerfließt fast in der Hitze des Feuers. »Als langjährigen Boten von Zeichen und Bildern bitte ich dich, Niko Ros, um eine

Beschreibung der Reiche im Osten.«

Der grauhaarige Niko Ros ist ein Kinnbart mit einem Mund darüber. Und der spricht ruhig und besonnen: »Ich freue mich, euch zu sehen, dich Lehcim Schnabelschimpf aus dem Westen und auch dich Ediva Dognol aus dem Süden. Ich bin kein großer Redner, aber der Ernst der Lage lässt mir keine andere Wahl als zu sprechen und zu erzählen.

Wir alle haben in unseren Geschichten die Gegenwart als Zukunft beschrieben. Nun hat die Vergangenheit unsere Gegenwart überholt. Wir leben im Zeichen des Wolfs. Es wird zwecklos sein, dass mein Land eine Mauer errichtet, nur noch durchbrochen von Leitungen, in die westlichen Reiche, durch die Gas fließt und Geld. Männer und Frauen, die die Wahrheit sagen, werden vernichtet. Innerhalb der Mauer läuft die Zeit rückwärts. Das Mittelalter der Technisierung zieht auf.

Große Teile meines Volkes sind dem neuen Sprechen verfallen, das Sätze wie Nägel in ihre Köpfe hämmert. Aber auch viele von euch stehen unter dem Einfluss des neuen Sprech. Kaum jemand glaubt zu verstehen, was passiert, dabei ist alles sehr klar. Bei uns heißt es, jenseits der Mauer regiere die Leere ohne Werte und Sinn. Bei uns blüht wieder der Handel mit toten Seelen. Eine trügerische Ruhe, ein heruntergedrückter Ast, der irgendwann hochschnellen wird, oder brechen, weil er morsch ist.

Nun hört, was ich sage. Ihr sollt nicht die Ohren verschließen. Es bleibt euch nur, euch selbst zu verstehen. Das ist Auftrag genug.«

Harry stößt mir mit seinem Ellenbogen in die Seite und der Stoß setzt sich in meinem Körper fort wie Gravitationswellen, die mein Fleisch zu einem warm fließenden

Glibber machen. Bin ich eine Qualle? Harrys Stimme klingt wie von weit her, hallt wie aus der Kuppel eines riesigen Doms auf mich nieder: »Der ... der ... der hat ... hat ... hat was ... was ... was drauf ... drauf ... drauf, oder ... der ... der?«

»Und«, meine Zunge ist plötzlich doppelt so groß wie normal, »wer wolld vorhin schtiften gehn und misch den Freuden der Geschundheit und desch Verschandes auschliefern?«

»Wenn du das draußen erzählst«, hallen Harrys Worte von den Höhlenwänden zurück, »erklären sie dich für verrückt.«

»Wer«, versuche ich zu artikulieren, »wer ischt Schie?«

Durch die Höhle geht ein Geräusch, als würden sich die uralten Gesteinsschichten verschieben. Haben sie uns entdeckt? Nein. Der, der zu Anfang geredet hat, hat sich geräuspert. »Vielen Dank für deine wahrhaftigen Worte. Hören wir nun den Bericht von Lehcim Schnabelschimpf aus dem Westen.«

Im Feuerschein richtet sich der Angesprochene auf, statt eines Kopfes steigt ein Luftballon mit einem riesigen Clownsgesicht hoch. Je mehr Luft das traurige Gesicht verliert, desto hexenhafter krümmt sich sein Körper zusammen. Ich kann sein Wesen sehen wie auf einem Röntgenbild. »Ihr wisst, dass ich es mit der Wahrheit sehr ernst nehme«, beginnt er leise, fast schüchtern. »Dass man die Wahrheit nicht direkt aussprechen kann, muss ich in unserem Kreis nicht erwähnen. Aber gerade die, die uns lesen, wollen nicht verstehen, was wir zu sagen haben. Sie verstehen nicht, dass mit dem, was wir schreiben, sie gemeint sind. Es ist nicht leicht zu erkennen, dass das, was man tut, falsch ist. Doch sie lesen unsere Bücher und fühlen sich gut unterhalten. Was ist aus uns geworden? Ich habe darüber immer wieder geschrieben. In meinem Land gibt es keine äußere Mauer. Jeder einzelne ist eine Mauer, ein Teilchen, eine Zone für sich. Ich sehe mich umgeben von Feigheit, Angst und Gleichgültigkeit und dem Mitläufertum der Intelligenz. Ich bin leider sehr pessimistisch. Aber, Ediva Dognol, du hast die Gegenwart am radikalsten formuliert, was ist deiner Meinung nach der Stand der Dinge im Süden?«

Ediva Dognol, der Name durchläuft mich wie ein Stromstoß. Trotz des Feuers wird es kalt und die Kälte erfasst die letzte Faser meines Körpers. Ediva Dognol steht mitten in den Flammen. Seine Füße brennen. Er hebt eine Hand, an der alle Finger und der Daumen fehlen, und ich weiß, das er sie sich selbst abgehackt hat. »Ich bin auch pessimistisch, aber nicht ganz ohne Hoffnung.« Jedes Wort von Ediva Dognol gibt mir etwas Wärme zurück. »Wenn der Mensch lange genug gelitten hat, wenn er sich lange genug unterworfen hat, wird er aufbegehren. Oder untergehen. Wir, die wir Bücher schreiben, sind Narren geworden. Vielleicht schon immer gewesen. Wer nimmt das Schreiben noch ernst. Es reicht nicht zu schreiben und zu lesen. Allein herauszufinden, was wahr ist, reicht nicht aus. Es wird aufrechte Menschen benötigen. Es wird lange dauern. Das Leiden hat erst begonnen. Es wird unerträglich werden, für uns und für alle.«

Sie fassen sich bei den Händen und beginnen im Schein des Feuers zu tanzen. Aus dem Boden der Höhle wachsen rote Pilze mit weißen Punkten. Ihr Tanz erhebt die drei langsam in die Luft. Sie fliegen. Höre ich Musik? Fliege ich auch? Durch die Luft treibe ich zu ihnen hinüber. Rechts und links fasst mich eine Hand und reiht mich ein

in den Reigen. Dann sind sie weg. Aus dem Feuer schlägt eine schräge Musik, die Golddublone steigt aus den Flammen, und die grotesken Flammen nehmen Gestalt an. Ein Orchester steigt aus dem Feuer und bildet einen Kreis um die Münze. Die einen spielen auf Vipern, Nattern und Schlangen eine scheußlich verlockende Melodie. Ein Anderer hat eine Katze unter dem Arm, bläst ihr in den Arsch und fingert wüste Töne aus ihren Beinen. Eine vom Storch abstammende Frau spielt eine Hündin, zieht an deren Schwanz und drückt aus ihren Zitzen ein schrilles Pfeifen hervor.
Wo sind meine Freunde? Die große Dublone schwebt über dem Feuer und aus ihrer Mitte fliegt ein Kerl auf mich zu. Goldemar, der Hüter des Harzes. Er hält mir eine ungeheuerliche Kröte entgegen, zieht ihr die Därme so weit aus dem Hintern, bis er sie wieder zum Maul reinstecken kann. Da muss ich kotzen. »Sieh her, sagt der Zwerg und streckt mir die Kröte entgegen, »ich weiß, du bist ein guter Geiger, lass uns ein Stückchen hören.« Beim Einatmen zieht seine Nase sich tief in den Kopf hinein, beim Ausatmen stülpt sie sich wieder nach außen. Er schlägt mir mit solcher Wucht auf die Brust, dass ich glaube, ersticken zu müssen. Mit letzter Kraft rufe ich: »Harry«, beginne zu brüllen: »Harry, Harry!« In einem Hui wird es finster, mir wird so furchtbar ums Herz, dann kippe ich um.

3.

Die Skulpturen von Moore

Es riecht nach Asche und Rauch. Ich. Ich erwache. Mein Bewusstsein. Quis? Quid? Ubi? Quibus auxiliis? Cur? Quomodo? Quando? Sag mir quando, sag mir wann. Ich liege. Im Eingang einer Höhle. Sehr seltsam. Harry. In seinem Gesicht diese spöttische Rationalität. Ich weiß, dass er mich hierher geschleppt hat. Ich bin ihm dankbar. Es ist Morgen. Irgendwo scheint eine Sonne zu scheinen. Irgendwo hinter dem Nebel. Das ist schön, denke ich. Aber, denke ich auch, habe ich tatsächlich »schön« gedacht, oder nur empfunden? Und: Ist Schön-Sein eine Kategorie des Denkens? Flaues Gefühl im Magen. Aber sonst geht es mir gut.

Harry grinst. »Das war wohl die rosa Pille.«

»Pille?«, frage ich. Will er den Wahrheitsgehalt meiner Erlebnisse untergraben? Ich kann aufstehen, alles funktioniert prima. Ich fühle mich, als ginge ich auf Wolken.

»Vielleicht solltest du etwas genauer beschreiben, wie es dir geht.«

Harry nervt.

»Mir geht es gut.«

Er verzieht enttäuscht das Gesicht. »Das Volk verlangt, dass ein Schriftsteller dessen Empfindungen entweder angenehm anregt oder verletzt: Das Volk will bewegt werden.«

»Volk?«, frage ich.

»Leser!«, antwortet er.

»Rezipienten«, gebe ich zurück.
»Kunden«, sagt er.
»Verbraucher!«, sage ich.
»Abnehmer.«
»Abnehmer klingt gut«, lenke ich ein. »Das trifft es sehr gut.«
Er nickt.
»Was schlägst du vor? Soll ich mich bei meinem Reiseveranstalter beschweren und auf die Rückerstattung aller geleisteten Zahlungen klagen? Sagen, dass das so nicht im Prospekt stand? Außerdem: Urlaub ist die kostbarste Zeit des Jahres, ja, des Lebens. Ich werde auf Schadenersatz klagen, Schmerzensgeld fordern. Wo ist das Frühstück! Cappuccino mit braunem Rohrzucker und herzförmigem Kaukau-Ornament auf der Milch, dallidalli-zackzack!«
»Schon besser.«
»Meinst du, ich habe die Zielgruppe getroffen?«
Er zuckt die Achseln. »Wer weiß das schon, während er noch zielt.«
»Mein Reiseveranstalter bin ich«, räume ich ein.
Er nickt verständnisvoll.
Vor ihm liegt die Karte, und nachdem ich meine Augen etwas schärfer gestellt habe, erkenne ich die eng liegenden Höhenlinien. Jetzt geht es erstmal bergab.
Wir wollen loslaufen, kommen aber nicht richtig in Trab. Überall Feuchtigkeit und Pfützen. Kein Frühstück. Es tropft von den Bäumen und rinnt über die Wege. Ich gehe wie durch einen Traum, der mit jedem Schritt in einen noch dichteren Nebel führt. Mein Magen knurrt. Es ist schwül, manchmal kalt, manchmal warm, ein undurchschaubarer, steiler Wald, in dem sich plötzlich Abgründe auftun. Auch die Zeit verschwindet im Nebel. Ich weiß

nicht, wie lange Harry und ich jetzt schon wortlos nebeneinander herlaufen. Stunden? Tage? Aber es gibt keinen Tag, nur dämmrigen Dunst. Unterzucker. Vielleicht sind wir auf einem anderen Planeten. Manchmal habe ich das Gefühl zu schweben, manchmal bedaure ich es, nicht auf dem Kopf gehen zu können.

»Es gibt wieder Wölfe im Harz.«

Harrys Stimme kommt von ganz weit her.

»Steppenwölfe«, sage ich, ohne nachzudenken.

Er schaut mich beleidigt an.

»Auch Natur hat manchmal zwei Seiten«, lenke ich ein.

Er schweigt.

Wir gehen. Und gehen.

»Ich habe genug Phantasie, um Angst zu haben«, kommt es nach einer guten Stunde von Harry zurück. Haben wir beide die ganze Zeit das Gleiche gedacht?

»Zu viele Märchen gelesen?«

Er nickt. »Der Harz wimmelt auch noch von Hexen.«

Unser Gespräch schläft endgültig ein. Lange ist das Patschen unserer Schritte das einzige Geräusch. Matschmeditation. Waldgluckern. Der Rucksack drückt und zieht mich mit seinem Gewicht nach unten, das Bergabgehen ergibt sich quasi von selbst. Vom Nebel kriecht eine seltsame Melancholie in mich hinein. Bestimmt eine Nachwirkung der rosa Pille, die Nachschub verlangt. Das zu wissen, hilft nichts. Ich gehe mit jedem Schritt tiefer in einen Tunnel hinein, einen Tunnel aus Nebel und Sinnlosigkeit. Kein Horizont, keine Sonne, kein Licht am Ende des Tunnels, kein Wasserfall. Nicht das Leben ist schwer, die ganze Welt ist eine Gruft und ein Irrtum. Und darin laufe ich herum. Warum eigentlich? Was war der Plan dieser Reise? Dieses Lebens? Wo ist Harry geblieben? Ich wusste, dass auf ihn kein Verlass ist, wenn es drauf an kommt. Ich möchte stehen bleiben, mich hinlegen und warten. Aber auf was? Auch das hätte keinen Sinn. Ob ich noch auf dem richtigen Weg bin? Richtiger Weg! Ich gehe. Außer dem Gehen hat nichts einen Sinn. Gehen durch Sinnlosigkeit und Pfützen. Auch daran gewöhnt man sich. Gehen ohne Ziel hebt die Sinnlosigkeit auf. Solange man geht.

Plötzlich ist irgendwas anders. Die Dichte. Ich bleibe stehen und lausche. Die Stille hat sich verändert. Ah, eine Mauer. Interessant. Ich gehe vorsichtig daran entlang. Menschen können gefährlicher sein als Wölfe. Ein Durchlass. Ich bin drin. Aber wo drin?

Hohe Bäume, das gleiche Tropfen wie auf der anderen Seite. Da liegt was am Boden, schält sich aus dem Nebel heraus. Glänzt. Vorsichtig trete ich näher, umkreise das wie aus einer anderen Welt wirkende Ding, klopfe leise dagegen. Metall, hohl, Bronze, menschengroß. Aha, das ist ein Schild, das ist ein Kopf wie ein Helm. Ein am Boden liegender Krieger, aber ohne Arme, mit nur einem Bein. So sieht das Ende aus. Mir ist zum Niederknien, stolpere aber erschrocken ein paar Schritte zurück. Muss ich mein Leben ändern? Ah, schau an: ein steinernes Haus. Ein Schloss? Ein Park, ein Weg. Ich will weg von diesem sterbenden Krieger. Wo ist der Ausgang?

Immer an der Hauswand entlang. Der Ausgang! Das ist gut. Sehr gut. Davor ein Platz, eine baumlose Weite, die ich nicht sehe, aber spüre. Rechts schaut ein Riese auf mich herab, vier, fünf, sechs Meter hoch. Eine ausgezehrte Gestalt in einem schäbigen Mantel mit einem klagenden oder anklagenden Blick. Noch so einer. Der kommt auch direkt aus dem Krieg. Wo bin ich hier hingeraten?

Zurückgehen ist keine Option. Eine Hand hat er erhoben, als würde er auf etwas deuten, das sich im Nebel versteckt. Ich taste mich Schritt für Schritt in die Richtung, in die die leeren Augen des Kriegsheimkehrers schauen. Zwei Löwen. Und ein, nein zwei noch größere Artefakte. Zwei überlebensgroße Männer mit deutschen Bärten. Hoch zu Ross. Auf klotzigen, dunkel angelaufenen Steinsockeln. Man muss den Kopf in den Nacken legen und zu ihnen aufschauen. Zwei Kriegsherren, die nichts miteinander zu tun haben und hier nur zwecks besserer Legendenbildung rumstehen.

Ich drehe mich weg und schleiche vorsichtig einen sanften Hügel hinab. Ein Haus taucht aus dem Nebel auf. Noch ein Haus. Schmale, schieferdunkle, labyrinthische Gassen. Pferdegetrappel, eine Kutsche knirscht an mir vorbei. Ich laufe gegen ein Plakat: Die 52 Herrscher des Ersten Deutschen Reichs. Zu verkaufen! Es riecht nach Bratwurst. Ein harmlos wirkendes Flüsschen zischt neben der Straße entlang. Eine Brücke, Kirchengeläute. Ein großer Platz.

Der Nebel ist weg. Die Sonne scheint auf kostbares Pflaster. Leute an Tischen vor Restaurants mit dampfenden Tellern und guter Laune. Eine junge Frau mit ein paar Flyern in der Hand stellt sich mir in den Weg. Sie leuchtet vor Wahrheit, lächelt mich an, als ob sie nur mich meint und sagt, sie möchte mich auf die Partei für Tierschutz aufmerksam machen und ob ich wisse, dass Niedersachsen das größte Schlachthaus Europas sei.

Ich öffne den Mund, würde gern mit ihr reden, aber schon wendet sie sich jemand anderem zu und ihr Begleiter, den ich übersehen hatte, tritt wie ihr Schatten hinter ihr hervor und kümmert sich weiter um mich.

»Stellen Sie sich vor«, raunt er mir ins Ohr, »Sie werden von einem Psychopathen jahrelang gefangen gehalten.«

»Hänsel und Gretel«, antworte ich.

»Dann«, fährt er unbeeindruckt fort, »tötet und zerstückelt er Sie, um die kleinen Stücke, die Sie einmal waren, diese Gefühle, Ideen und Träume, die Sie waren, in Ihren eigenen Darm zu füllen und zu verkaufen. An jeden x-Beliebigen, an völlig fremde Leute, unangenehme Leute, primitive Leute, Leute, die Sie aus gutem Grund ablehnen würden. Können Sie sich eine größere Erniedrigung denken als Wurst?«

Ich? Denken? Wo bin ich? Auf einem Platz zwischen herrlich verzierten Fassaden und Arkaden. An einer roten Fassade glaube ich eine Figur zu sehen, der Dublonen aus dem Hintern quellen. Das geht zu weit. Ich bin erledigt, allein, und kein freier Stuhl. Ich könnte mich einfach auf die Erde setzen. Gleich fühlt man sich ausgeschlossen. Was wollen die vielen Menschen hier? Vor einer Eisdiele sitzt eine Frau an einem Tisch. Sie hat mich beobachtet und nickt mir nun einladend zu. Ich schnalle den Rucksack ab und lasse mich auf den Stuhl fallen.

»Erschöpft?«, fragt sie.

Sie hat rabenschwarzes Haar, einen großen Mund und eine randlose Brille, durch die sie mich interessiert mustert. Wahrscheinlich eine von diesen Hexen.

»Wo bin ich hier eigentlich?«, sage ich und komme mir ziemlich blöd vor.

»Sie sind vom Weg abgekommen?«, gibt sie zurück.

Eine Stadthexe, denke ich. Suggestiv. Sie antwortet auf meine Frage mit einer Frage.

»Kann ich nicht sagen, da ich nicht weiß, wo ich bin.«

»Typische Erschöpfungserscheinung, die ganze Gesell-

schaft ist erschöpft.« Sie mustert mich mit einer Mischung aus Herablassung und wissenschaftlichem Interesse.
»Gut, dann bin ich wohl typisch. Haben Sie ein Zaubermittel dagegen?«
»Einen großen Eisbecher und einen Kaffee. Dann sieht die Welt gleich anders aus.«
»Sicher?«
»Sicher«, antwortet sie. »Sie sind in Goslar.«
Ich winke dem Kellner und bestelle. Sie lächelt mich an.
»Ich dachte schon, ich sei aus der Zeit gefallen.«
Langsam, den Kopf hin und her wiegend, betrachtet sie meinen veralteten Rucksack. Ich kann ihr ansehen, wo sie mich einordnet.
»Warum ausgerechnet der Harz?«
Ich mag Leute, die nur die Frageform kennen.
»Weil er genau in der Mitte ist und gleichzeitig am Rand. Und weil ich Heinrich Heine hinterher wandere«, antworte ich betont höflich.
Sie schaut mich noch prüfender an, nimmt einen Schluck Cappuccino und fährt danach mit der Zunge vorsichtig über ihre Oberlippe, um den Milchschaum abzulecken.
Der Kellner stellt mein Eis und den Kaffee auf den Tisch.
»Sie sind auch nicht von hier«, sage ich.
»Stimmt, und ich beschäftige mich wie Sie mit der Mitte.«
Ich fange an zu löffeln. Das Eis ist so gut, dass ich keine Lust auf weitere Fragen habe.
Sie fängt an zu reden:. »Die Mitte hat sich und ihre zunehmende Konformität noch nicht als das eigentliche Problem unserer Zeit erkannt.«
Ich zucke ratlos mit den Schultern. Melone und Schokolade, wer hätte gedacht, dass das zusammenpasst.
»Die Mittelschichtbürger legen ihr Geld in Aktien an, weil

sie denken, es gibt ein Naturrecht auf Rendite, und dann wundern sie sich, wenn ihr eigenes Geld gegen sie arbeitet und die Verhältnisse immer prekärer werden.«
Nicken und löffeln.
»Ein weiteres Problem sind alle möglichen Arten von Handwerkern, die sich heute als Kreative bezeichnen, eigentlich nur Leiharbeiter sind, sich aber auf einen diffusen Künstlerstatus berufen. Autonomie, Emanzipation, Eigenverantwortung, Freiheit und Kreativität sind längst vom Mainstream vereinnahmte Begriffe und enthalten kein Widerstandspotenzial mehr. Kreativ zu sein, ist heute nicht mehr subversiv, sondern eine Tugend, die der Arbeitgeber vom Arbeitnehmer verlangt. Und weil diese Wörter auf die andere Seite gewandert sind, sagen viele junge Leute, sie wollen nicht mehr frei sein. Viel lieber hätten sie Sicherheit und Tradition. Die Mittelschicht ist noch nie eine richtige Solidargemeinschaft gewesen. Mit Ausnahme der Achtundsechziger, vielleicht, alles Mittelstandskinder. Jetzt trifft in der Mittelschicht die Künstlerideologie mit dem Neoliberalismus zusammen.«
Ich schlucke den letzten Happen von meinem Eis herunter und habe das Gefühl, sie erwartet, dass ich etwas sage.
»Sowieso eine seltsame Vertauschung, dass die, die ihre Arbeit geben als Nehmer bezeichnet werden und die, die sie nehmen als Geber.«
»Vielleicht weil Geben seliger klingt als Nehmen. Und die Bildung!«, fährt sie unbeirrt durch meinen Einwand fort. »Die Mittelschicht rüstet auf, Elitekindergärten, Privatschulen, Auslandsaufenthalte. Die herkömmlichen Bildungseinrichtungen und Bildungszertifikate werden entwertet durch diesen Überbietungswettbewerb.«
»Wissen Sie, was ich denke«, sage ich und nehme einen

Schluck Kaffee, um länger darüber nachdenken zu können, was ich denke. »Ich denke, dass die Rechten jetzt die Revolte machen, die die Mitte trotz aller Bedrohung nicht zustande kriegt.«

An ihrem Gesichtsausdruck erkenne ich, das sie nichts von so einer Vereinfachung hält. »Wenn ich Sie richtig verstanden habe«, fahre ich fort, »war es so: Als die Kinder der Mittelschicht die Wallstreet besetzten, hatten die Eltern durchaus Sympathien für ihren Nachwuchs. Gleichzeitig haben sie aber geglaubt, die Dividenden ihrer Anlagen seien nötig, um ihren Kindern ein ordentliches Studium zu finanzieren. Genauso verhält es sich meiner Meinung nach mit den Hauptdarstellern der Bildungseinrichtungen. Indem sie gegen besseres Wissen eine Bildungsreform nach der anderen umsetzen, lassen sie ihre Studenten im Stich. Und dann diese Vergleichbarkeitsideologie. Verschärft den Wettbewerb permanent. Was sind Sie von Beruf?«

Der Kellner schaut mich staunend an. Ich habe mich weit über den Tisch gebeugt und spüre in meinem vibrierenden Kehlkopf noch die letzten Worte und auf meinen gespitzten Lippen die für das f durchströmende Luft. Aber da ist niemand. Ein leichter Schwefelgeruch liegt in der Luft.

»Alles klar?«, fragt der Kellner.

»Alles klar«, gebe ich locker zurück.

Als ich bezahlt habe und aufstehe, legt sich eine Hand auf meine Schulter. Harry ist wieder da. »Wie wäre es mit einem schönen, weichen, frisch duftenden Bett?«

ROMANTIKER ZURÜCK!

Ohne dass ich es gemerkt habe, ist der Tag vergangen. Die Schatten auf dem Marktplatz sind lang geworden. So richtig viel habe ich von Goslar nicht gesehen. Ich nicke müde Richtung Tourismusbüro. Wortlos setzen wir uns in Bewegung. Aber ich habe ein schlechtes Gefühl.

»Wieder draußen schlafen«, nölt Harry, als wir zehn Minuten später enttäuscht auf den Marktplatz hinaustreten. »Jahrestagung des Philologenverbandes, alles belegt. Dass ich nicht lache. In Goslar.«

»Kannst ja verschwinden«, sage ich resigniert.

»Das willst du nicht wirklich.«

Wo er Recht hat, hat er Recht.

Ich versuche, mit den Schultern zu zucken, aber der Rucksack drückt sie nach unten. Ich laufe auf Reserve. Harry schaut mich skeptisch an und bedeutet mir, ihm zu folgen. Er geht zu schnell. Die Schwüle. Wir verlassen die Altstadt und bewegen uns durch gepflegte Einfamilienhäuser mit Garten. Da! Ich bleibe stehen, eine Party. Junge Männer mit dunklen Bärten, Frauen mit kleinen Tattoos und sittsam zerrissenen Jeans grillen in Frieden und trinken Bier aus der Flasche. Musik, Hollywood-Schaukel. Noch glänzt das mannigfaltige Grün, von der Sonne beschienen, in dem kleinen Hain, die wankenden Blumen, ein Schmetterling fliegt empor, und im grünen Schatten unter dem Gewölbe der Bäume erklingen fröhliche Lieder. Ein Nelkenstock ist hier am Zaun. Im Garten geht eine junge Frau, ein Mädchen für mich, ein erschütterndes Mädchen, mit Blumen bekränzt, das leis nur für sich singt. Sie tritt an den Nelkenstock. Eine Nelke, rotgestreift, blüht da frisch auf.

Jetzt biegt sie lächelnd die Blume zu ihrem schönen Gesicht und freut sich des süßen Geruchs, die Blume schmiegt sich an ihre Lippen. Warme Röte steigt auf meine Wangen, denn ich denke: Könnt, o könnt ich so die süßen Lippen berühren!
Harry zerrt mich weg. Ich bin zu müde, um mich zu wehren. Immer wenn es regnet, werd ich an dich denken ... Harry läuft missmutig neben mir her.
»Frage!«, platzt er unvermittelt heraus. »Was macht ein Schriftsteller, der mit Literatur gesellschaftlich etwas bewirken will, wenn er merkt, dass das nicht funktioniert?«
»Antwort!«, sage ich wie aus der Pistole geschossen. »Sich durch Schreiben über sich selbst Klarheit verschaffen. Vielleicht geht jemand darauf ein.«
»Das klingt nicht sonderlich offensiv.«
Ich winke ab. Wir sind am Stadtrand. Eine ansteigende Wiese, dahinter beginnt der Wald. Bei Insekten, meint Harry, habe er immer das Gefühl, dass die gar kein Zuhause hätten. Ich schaue ihn fragend an. Vor uns die Ebene. Wind kommt auf. Gigantische Wolkentürme ziehen in der tief stehenden Sonne nach Osten. Ab und zu zuckt ein Blitz heraus. Die unterschiedlichen Arten von Grün modellieren die Landschaft und geben ihr Tiefe. Ein paar kleine Gebirge und ein gewaltiges Schauspiel im Breitwandformat.
»Aus dem Fenster eines Hotelzimmers wäre das nicht halb so beeindruckend.«
Harry schüttelt fassungslos den Kopf. Doch ich weiß, er fühlt sich genauso erhaben wie ich.
»Wenn das hier rüber zieht, sind wir dran.«
»Hm.«
»Das gibt eine Nacht.«
»Dann ist es ja gut, dass die Nächte zur Zeit eher kurz sind.«

Wir streunen über ansteigende Wiesen. Da, am Waldrand: eine Hütte aus Ästen, die aussieht, als hätten sie Kinder gebaut. Etwas weiter oben finden wir einen Stapel Verpackungsmaterial. Ein mal zwei Meter große Tetrapackplatten für irgendeinen Saft. Was so alles im Wald rumliegt. Wir schleppen ein paar davon zu der Hütte, legen sie als Schutz gegen eventuellen Starkregen oben drauf und beschweren das Zeug mit ein paar Steinen. Dann beginnt Harry am Hang über unserem lieblichen Domizil mit einem Stock einen Graben in die weiche Erde zu buddeln, der rechts und links neben der Hütte vorbeiführt.
»Gegen Hexen und Wölfe?«, frage ich.
»Gegen Überschwemmung«, antwortet er humorlos.
»Pfadfinder?«, frage ich. »Pionier?«
»Bundeswehr«, gibt er zurück.

4.

Ein Irrer zu viel

Sie kennen dieses Erwachen, kurz bevor es dämmert. Nach einer traumlosen Nacht oder nach einer Nacht der unfassbaren Bilder. Um mich greift das Licht zitternd durch die Blätter der Bäume, trübe Schatten kriechen in die dunklen Winkel des Waldes und rotten sich dort zusammen, das Laub raschelt im Wind und von Ferne höre ich die harten Geräusche der Stadt, eine Melodie aus Stahl, ein Rhythmus aus Stein. Geräusche, die man durch die Herzen haut. Das ist das Lied vom Lied, in einer neuen Zeit, die uns zu Lärm verdaut. Schon morgens zählt nur die Geschwindigkeit. Sie bläht die Lüste auf. Am Ende hält man still und schweigt, wo man was sagen will.
Das alles ist in den Geräuschen von Leuten, die zur Arbeit gehen, irgendwo hinfahren, um irgendetwas zu tun. Und da ist auch dieses Gefühl der Leere und Sinnlosigkeit, in diesen Geräuschen, mit denen der Einzelne wieder eintritt in die Maschinerie. Das ist das flaue Gefühl des Morgens. Nur allmählich bekommen die Dinge ihre Konturen und Farben zurück. Mit den Dingen erwachen auch die Wörter, die wir ihnen zugedacht haben, die aber nur langsam ihre Kraft zurückgewinnen. Hat sich etwas verändert? Aus den Bildern der Nacht meldet sich ein Leben, das wir kennen und eine Forderung, bedrohlich und beruhigend zugleich, steht im Raum: Dieses bekannte Leben müssen wir wieder aufnehmen.
Wo eben noch der unberechenbare Traum herrschte, mel-

det sich das zweite flaue Gefühl, das sich zu einer Gewissheit verdichtet: Uns bleibt gar keine andere Wahl. In unendlichen Wiederholungen, Gewohnheiten, Zirkeln und den immer gleichen Denkfiguren, die nicht einmal unsere eigenen sind, verbrauchen wir unser Leben. In dieser schrecklichen Gewissheit flammt, wenn du noch nicht ganz verloren bist, die wilde Sehnsucht auf: dass du, wenn du vollends wach bist, siehst, dass die Welt über Nacht neu erschaffen wurde, aus neuen Farben und Wörtern, die neue Geheimnisse bergen und neue Gedanken ermöglichen und somit eine neue Welt.
Das dritte flaue Gefühl ist die Enttäuschung.
Die Träume lassen sich nicht so schnell aus den Augen wischen wie der Schlaf. Sie bestimmen den Tag. Meine Träume, an die ich mich nicht erinnern kann, die aber manchmal im Laufe des Tages durch ein Stichwort oder eine Winzigkeit plötzlich ganz plastisch im Raum stehen und mich mit ihren Bildern überschütten, diese noch unbekannten Träume haben einen grauen Schleier über mich geworfen. Meine Bewegungen und meine Gedanken sind dumpf, meine Stimmung bedrückt. Harry ist weg. Vielleicht sammelt er Beeren. Vielleicht will er mit meiner Stimmung nichts zu tun haben.
Wenn die Sonne aufgeht, denke ich, wird es besser. Licht hilft, denke ich, auf einem Stapel gefällter Bäume sitzend. Oder Kaffee, das hilft auch, denke ich mühsam, als ich ein schlurfendes Geräusch höre, dass ich nicht einordnen kann. Es kommt auf mich zu. Auch Ablenkungen, denke ich, helfen.
Links von mir, im Morgendunst über dem Feldweg taucht ein Mann auf, gebeugt, alt, das ist klar. Langsam, wie eine Schildkröte kommt er näher. Auf zwei Nordic-Walking-

Stöcke gestützt, setzt er auf dem feuchten Boden einen winzigen Schritt an den andern. Er trägt Pantoffeln. Schmerzhaft langsam strebt er auf den Wald zu. Das ist Ehrgeiz, denke ich, niemals aufgeben, ich sollte mir ein Beispiel daran nehmen. Nach einer Weile, die mir wie eine Stunde vorkommt, bleibt er keuchend vor mir stehen.

»Ganz schön schwül«, sage ich.

Sein Kopf fällt nach vorn auf seine Brust. War das ein Nicken?

Ich deute auf den Stapel gefällter Baumstämme. »Setzen Sie sich.«

Er schlurft im Schildkrötengang auf mich zu, streckt seine Schildkrötenarme aus, reckt seinen faltigen Hals weit nach vorn und setzt sich.

»Sie sind ganz schön weit weg von der Stadt. Wollen Sie nicht lieber umdrehen?«

Er nickt. Wahrscheinlich hat er gemerkt, dass mein Blick an seinen durchgeweichten Pantoffeln hängengeblieben ist. Aber dann schüttelt er den Kopf, schiebt sein Gebiss in Position und spricht: »Wo ich herkomme, hat man keine anderen Schuhe.«

Er atmet ein paar mal durch. Aber sein Hecheln und Keuchen wird nicht besser. Ich habe Angst, dass er gleich umkippt. Was mache ich dann?

»Ich bin weggelaufen. Die Stöcke hab ich geklaut.«

»Aha«, antworte ich.

»Aus dem Pflegeheim. Denken Sie nicht, ich sei plemplem.«

Während ich ihm noch etwas Zeit lasse, stelle ich mir vor, wie er aus dem Fenster steigt und verschwindet.

»Und, wo wollen Sie hin?«

Er schaut mich mitleidig an, holt Luft und seufzt: »Nir-

gendwohin.«
Ich nicke. In seinen Augen leuchtet etwas Verschwörerisches auf.
»Ich geh sterben.«
»Aha«, sage ich. »Wie ein alter Indianer.«
»Romantiker«, gibt er zurück. »Das wird kein Spaß.«
»Wäre es ...«
»Nein!«, schneidet er mir das Wort erstaunlich barsch ab. »Ich bin schon mehrmals gestorben. Aber die lassen mich nicht weg.« Er hustet, dass mir Angst und Bange wird. »Privatpatient«, würgt er heraus. »Wer«, er kriegt wieder Luft, »hätte gedacht, dass das mal ein Nachteil wird.«
»Hm«, sage ich, weil ich nicht weiß, was ich sagen soll.
Er rammt die Spitzen der Wanderstöcke in den feuchten Boden, als wolle er der Welt eine Infusion verpassen. »Ich werde um meinen Tod betrogen.« Zur Bekräftigung schiebt er das Oberteil seines Gebisses nach vorn, bis die Lippen es freigeben und ein groteskes Lächeln auf seinem Gesicht erscheint. »Mein Leib ist mir zur Last geworden. Und damit das Leben. Aber ich darf noch nicht mal daran denken, diese Last abzulegen.«
Wir schweigen. Schauen zusammen über die Ebene, in der die aufgehende Sonne die Nebel auflöst und lange Schatten an ihre Stelle setzt.
»So, junger Mann, helfen Sie mir.«
Ich fasse ihn vorsichtig an seinen dünnen Armen.
»Ziehen! Ich gehe schon nicht kaputt.«
Als er steht, gebe ich ihm seine Stöcke. Es dauert eine Weile, bis er die Hände durch die Schlaufen gesteckt hat. Dann beugt er sich nach vorn und stützt seinen Oberkörper darauf ab. Er sieht aus wie ein Skiläufer kurz vor der Abfahrt. Er steht und schweigt einen Moment, holt Luft

und deutet mit einer kaum merklichen Kopfbewegung nach oben: »Der Mond so hell und klar. Lass uns einfältig werden ... und fröhlich sein.« Das war mir entgangen. Im Morgenhimmel schimmert ein blasser, fast voller Mond. Der Alte schaut mich an. Seine Augen sind todernst. »Kalt ist der Abendhauch.«

Wie ein Stromstoß läuft mir eine Gänsehaut vom Kopf über den Nacken, die Schultern, den Rücken, die Beine hinab bis in die Erde, als ob ich mit ihr durch Wurzeln verbunden wäre. Seine Schritte sind winzig. Aber er kommt voran. Ich weiß nicht, was ich sagen soll. Tschüss, machs gut! Alter, hau rein. Er bleibt stehen und schaut sich mit großer Mühe noch einmal zu mir um. Er blickt mich ruhig an: »Wolltst endlich sonder Grämen aus dieser Welt uns nehmen durch einen sanften Tod.« Er geht weiter, ich höre ihn murmeln: »Und unsern Nachbarn auch.«

Ich bin allein. Die Sonne steigt in den Himmel wie eine kostbare Münze. Jogger in bunter Kleidung hecheln mit verstöpselten Ohren den Weg hinauf. Und zwischen der bunten Menge erkenne ich Harry, zwei Pappbecher und eine Brötchentüte in den Händen.

Er ist wirklich ein Freund.

Über den Goldberg

Wir bleiben am Waldrand, gehen es langsam an, laufen parallel zum Hang. Im Tal das Rauschen einer Welt, in der sich die Menschen gegenseitig antreiben. Über uns die stoischen Wälder. Ein kühler Wind weht heraus, als wolle er uns die Augen öffnen und den Kopf frisieren. Ich denke an den Garten in Goslar. Die Vögel hüllen uns in einen

Sound aus Gospel und Soul. Auf den Wiesen lecken Rehe den Tau vom Gras und ich fühle mich nicht mehr getrennt. Harry schaut mich ab und zu belustigt an.
»Das ist schön«, sagt er, betont es aber wie eine Frage.
Ich nicke. Sprechen entzaubert.
»Ein paar Tage und Nächte im Wald.«
Ich nicke erneut.
»Was sagt uns das?«
Ich zucke mit den Schultern.
Er lacht. Und schweigt. Und geht.
Wir passieren die Oker. Neben dem Fluss ein Gedenkstein. Ihr andern singet und spielt. In seinen Häuschen am Waldrand stapelt das Volk Holz für den Winter. Kiesklippen im Tal, Eiszeitgeschiebe. Ein Schild weist uns den Weg Richtung Goldberg. Harry schnalzt mit der Zunge. Da, denke ich, werden Dublonen gemacht. Und überall springt fröhlich das Wasser talwärts an uns vorbei. Wo der Wald in Felder und Wiesen übergeht, stehen einzelne knorrige Eichen. Ihre gewaltigen Äste und unzähligen Zweige fühlen in die Ebenen hinein. Die Wächter eines geheimen Reichs, dem sie schon seit hunderten von Jahren die Stimmungen melden, die aus der Ebene aufsteigen.
Ein Golfplatz. Langsam treten wir wieder ein in das Treiben der Welt. Gartenstadt, Vorstadt mit Villen, Panoramafenster. Gelbe Säcke säumen den Weg, Garagen, größer als jede Köhlerhütte. Menschen mit Plastiktüten picken hinter ihren Hunden große und kleine Scheißhaufen auf. Alles so artig, so bellevue.
»Seltsamer Menschenschlag hier«, sagt Harry. »Menschenschlag. Sagt man doch so.«
Er hat heute einen gesprächigen Tag.
Ich nicke, auch wenn es keine Frage war und er redet

PROTAGONIST UND HARRY SIND EINER MEINUNG!

weiter.
»Selbst die Römer, die sich alles unter den Nagel reißen wollten, haben hier um die Gegend einen großen Bogen gemacht. Und dann die Sachsen. Was für ein Gezerre mit den Franken. Kaum missioniert und christianisiert, schon werden die Ablasshändler erschlagen: Reformation, lutherische Hassprediger, knallharte Selbstgeißelung und soziale Kontrolle. Aber immer wieder bricht dieses Eulenspiegelhafte durch. Menschenschlag. Als ob du immer mit zweien gleichzeitig sprichst.«
Ich nicke.
»Würde mich nicht wundern, wenn hier plötzlich hinter einem Baum ein Druide hervorspringt, weil er ein Loch in die Zeit gezaubert hat.«
»Vergiss die Hexen nicht.«
Er nickt, schaut zu dem Parkplatz vor einem Supermarkt hinüber, wo die Frauen ihre Einkaufswagen zu den Autos schieben.
»Das könnte man als frauenfeindlich interpretieren.«
»Aber nur, wenn man davon ausgeht, dass sich dein Satz und mein Blick aufeinander beziehen. Und, wenn man von Geschichte gar keine Ahnung hat.«
Ich nicke.
Wir kratzen die Kurve, durchmessen schnellen Schrittes den Kurpark und kehren Bad Harzburg den Rücken zu. Es geht bergauf. Es wird warm. Da ist er wieder, dieser goldene Glanz.

Ich sitze auf einer Bank und schaue über die Stadt hinweg in die Ferne. Von hier aus betrachtet, ist alles fern und gleichzeitig nah. Wolfenbüttel, die Asse, Kneitlingen, der Elm und dann wird es flach. Tiefgrüne Wälder, hellgrüne

Wiesen und gelbe Felder, ein paar Schornsteine. Harry ist hinter einer Baumgruppe verschwunden. Er kennt sich wirklich gut aus mit diesen Survival-Geschichten. Er hat mir gezeigt, wie man im Wald richtig kackt. Nicht einfach hinhocken, nach dem Donnerbalkenprinzip. Nein, echt elegant. Du suchst dir einen dünnen senkrechten Baum, stabil genug, dich zu halten und dünn genug, dass du ihn mit beiden Händen umfassen kannst. Hose runter, eine entlastete Hocke, und schwups.

Neben mir sitzt plötzlich wieder der Glatzkopf mit der Brille. Ich reibe mir demonstrativ die Augen. Als ich sie wieder öffne, ist er immer noch da. Er geht gar nicht auf meine Körpersprache ein. Das geht zu weit, denke ich. Vielleicht liegt es an der Sonne.

»Die Zeiten der bequemen Debatten, in denen die einen sagten, es gehe uns gut, die Stimmung sei schlechter als die Lage, und die anderen, es gehe uns schlecht und die Lage sei schlechter als die Stimmung, diese Debatten, die nur dazu dienten zu debattieren, sind vorbei. Die Hysterisierung der Öffentlichkeit macht große Fortschritte.«

Ich hebe die Hand, eine Geste, irgendwo zwischen Kapitulation und Bitte. Er sieht mich an und nickt und redet etwas langsamer weiter. »Die Entkoppelung von Weltbild und Welt, das von Hannah Arendt beschriebene Denken in Klischees, das sich zu einer Lügenwelt verdichtet, ist das Eine.«

Er muss Luft holen und ich nutze die Gelegenheit, um höflich zu nicken. »Und zwischen Wirklichkeit und uns wurde eine Projektionsfläche eingezogen, die man oft als Filterblase bezeichnet: eine personalisierte Informationswelt, die Menschen steuerbar und programmierbar macht«, sage ich automatisch.

»Was aber, wenn wir Stimmungen als eine Realität eigener Art begreifen?«
Er verwirrt mich mit seinen Stimmungen. Obwohl eine rhetorische Frage keine Antwort erwartet, unternehme ich einen Versuch: »So wie die Romantiker.«
Es ist mir gelungen, ihn aus dem Tritt zu bringen. In seinem Gesicht erscheint ein Fragezeichen.
»Sie meinen das Präreflexive«, hake ich nach.
Er atmet hörbar aus. Ich interpretiere das als anerkennende Aufforderung und lege nach: »Man kann aber Stimmungen nicht so gut analysieren wie Erwerbsbiographien, Klassenlagen, Milieus.«
»Man kann nicht nicht-gestimmt sein. Sie erinnern sich an die Diskurstheorie. Danach sind wir nur Schnittpunkte in Denkformationen. Genau so gibt es auch einen Soundtrack der Gegenwartsstimmungen. Sie beherrschen das Ich als Gesamtgefühl und sie entstehen aus der Betroffenheit in einer sozial-räumlichen, zeithistorischen und lebensgeschichtlichen Situation. In der Stimmung der Situation erfährt sich das Ich als immer schon von den Zumutungen, Suggestionen und Synthesen der anderen hervorgebrachtes Ich. Und ...«
»Stopp«, sage ich. »Auch wenn Sie eigentlich gar nicht da sind, würde ich Sie gern um eine kleine Verschnaufpause bitten. Habe ich das richtig verstanden. Ich bin nicht Herr meiner Stimmung. Sie ist immer schon da?«
»Nicht ganz. Das Ich ...«
»Sie meinen damit mich.«
»Nicht ganz, eher alle.«
»Warum sagen Sie nicht, was Sie meinen? Und, zwecks besserer Verständlichkeit wäre ab und zu ein Beispiel ganz schön.«

»Das Ich befindet sich in einem Wechselspiel mit der Situation und den Anderen und stimmt sich permanent damit ab.« Er seufzt. »Also gut, zum Beispiel wenn Sie und viele andere die Zeitung lesen, die Nachrichten im Fernsehen anschauen, in sozialen Netzwerken unterwegs sind, entstehen aus den gemeinsamen Informationen und Erregtheiten Stimmungen.«

Ich nicke ihm aufmunternd zu. »Sie haben die Krimis vergessen.«

Er strahlt mich an. »Sehr gut. Fernsehen, Bücher, Literatur. Und jetzt kommt das Problem.«

»Aha!«

»Das Ich, also wir alle, wenn Ihnen das lieber ist, haben Angst vor der gesellschaftlichen Isolation. Jeder ist gern auf der Seite der Gewinner. Und deshalb schweigen wir, aus Sorge davor, mit unserer Meinung allein dazustehen.«

»Die berühmte Schweigespirale.«

Das hat gesessen. Er schaut mich an, als ob er mich jetzt wesentlich ernster nehme und zerknittert die Vorderseite seiner Glatze mit gewaltigen Falten. Ich fahre fort: »Aber was hat die mit meinen Stimmungen zu tun.«

»Also: Wenn plötzlich eine Mehrheit das laute Sprechen, das nicht argumentierende Sprechen honoriert, wenn die Rebellion gegen vermittelnde Instanzen wie die Presse eine Mehrheit findet und das Brüllen, Häme und Hass einen Konformitätsdruck erzeugen ...«

»Dann ist ordentlich Stimmung.«

Er schaut mich so bestürzt an, dass ich mich sofort für meine Äußerung schäme.

»Stimmungen beeinflussen Situationen. Sie sind eine Realität. Wir befinden uns in einer Stimmung der grundsätzlichen Gereiztheit. Und«, fügt er trotzig hinzu, »das Wich-

tigste: Stimmungen können Sie mit Argumenten nicht beikommen. Nur mit anderen Stimmungen.«
»Bildung ...«, werfe ich ein. Da macht es Puff und er ist weg.
Hinter mir höre ich ein Rascheln. Ich drehe mich um und sehe, wie Harry mit einem entspannten Gesichtsausdruck zwischen den Bäumen hervorkommt.
»Bildung?« Er wiegt den Kopf hin und her. »Typisch deutscher Bürgerbegriff. Weil es keine politische Öffentlichkeit gab und das Bürgertum machtlos war, trieb es den persönlichen Innenausbau voran, mit Theater und Literatur als Hauptmedien dieser allgemein anerkannten Art der Selbstformung. Klassische Sublimierung, wenn du mich fragst. So eine Kultur hinterlässt bei mir ein erhebliches Unbehagen aufgrund ihres affirmativen Charakters.«
»Grundsätzliche Gereiztheit«, sage ich, während mir Harrys Genitive durch den Kopf schwirren, »ist ein mieser Soundtrack für eine Zeit.«
Er zieht die linke Augenbraue hoch wie Mr. Spock. »Ich bevorzuge die Zivilisationstheorie. Wie machen wir uns zum Beispiel die Verwandlung des gesellschaftlich erfahrenen Fremdzwangs in den gegenwärtigen Selbstzwang bewusst? Und, spielt die Literatur als eine Figuration von vielen tatsächlich noch die emanzipierende Rolle, die ihr zugesprochen wird?«
»Das Ich, die Situation und die Anderen«, murmele ich.
»Jedes Ich ist für den Anderen ein Anderer.«
»Aber jeder Andere ist auch ein Ich.«
»Hm.«
»Und von was schweigen wir, aus Sorge davor, mit unserer Meinung allein dazustehen?«
Er zieht die rechte Augenbraue hoch und sieht aus, als

mache er sich ernsthafte Sorgen um mich. Dann lächelt er. Ich habe mich geirrt. Er denkt nach. Ja, wovon schweigen wir? Über was sprechen und über was schreiben wir? Schreiben, denke ich, das müsste ganz zwanglos geschehen, ohne Absicht und Hintergedanken, so wie wir gehen, Atem und Schritt, Satz und Gedanke. Hier ist der Juni. Glänzendes Grün, der Himmel ist blau. Die Schatten ...

»Ey, hallo! Warum schreibt einer wie du?«

Manchmal kann Harry so richtig nerven. »Was für eine Frage. Warum hat Heine geschrieben?«

»Eine Mischung. Hier die Feier des Lebens, die Ironie, da die Trauer und Wut über die Dummheit und Ignoranz seiner Zeitgenossen. Und irgendwie immer der Unterton dieser rebellischen Enttäuschung. Andererseits ...«

»Ja!«

Harry holt Luft, als müsse er Anlauf nehmen. »Die deutschen Vormärzdichter wollten sich ans Volk richten, mussten aber auf hohe Formen wie das Sonett und die Hymne zurückgreifen, weil der Volksliedton schon von den konservativen Romantikern besetzt war. Heine versuchte also, Genres zu entwickeln, die sowohl in Opposition zur Romantik als auch zum pathetischen Vormärz standen. So steigert er die Prosanähe der Romantik bis in die journalistische Prosa und den Konversationston hinein, und verhöhnt den christlich hinterlegten Reim-Kling-Klang der Romantik. Ergebnis: eine formal romantische Lyrik, die revolutionär-antiromantisch wirkt."

»In ihren besten Momenten ...«

»Davon gibt es viele.«

»Kommt trotzdem manchmal etwas sehr arrogant rüber, so ... billerhaft.«

Harry winkt ab: »Wer so an seiner Klugheit leidet, darf

arrogant sein. Er war, wie alle Rebellen im Innersten ein Verräter, weil er fürchtete, das Menschliche in ihm könne ihn mit seinen Mitmenschen vereinigen. Er hat sein Leben damit verbracht, Fesseln zu sprengen, während ihn eine geheime Bindung innerlich aufzehrte.«

»Aha!« Endlich kann ich eine Frage stellen: »Und welche geheime Bindung war das?«

Harry wirft mir einen Blick zu, der sagt, dass ich mir die Antwort darauf sogar mit meiner bescheidenen Intelligenz selber geben könne.

Wir gehen.

»Und heute?«

Er hebt kurz die Schultern.

Ich stelle mir Heine auf der Buchmesse vor: Shuttlebus, Sicherheitscheck, Verkaufsförderung, Roll-ups, Verkaufsgespräche, Verträge, Vorträge, der Autor als Markenkern, als Alleswisser und Vorleser. Das große Mit- und Hinterherlaufen in überfüllten Gängen unter einer künstlichen Sonne. Das Buch ... das Buch. Die Umsätze, die Arbeitsplätze, Prestige, Anerkennung, Erfolg, Beziehungen. Und da soll der Gegendiskurs drinstecken?

»Heine hätte gekotzt«, schließe ich meine inneren Ausführungen ab.

»Oder einen Haufen Geld verdient.«

»Oder beides.«

»Letzten Endes wäre er ein Enttäuschter geblieben.«

»Wer weiß das schon.«

Als wir merken, dass wir auf der falschen Talseite sind, ist es zu spät. Wir haben Heines Weg verloren. Aber jetzt noch mal runter und wieder rauf, bei dieser Hitze.

Harry winkt ab: »Am Brocken schließen wir wieder an.«

Wir gehen schweigend durch eine immer greifbarer werdende Hitze bergauf. Rebellion und Enttäuschung, denke ich, das erinnert mich an etwas. Irgendetwas mit Aufstand und groß. Es ist, als scheine die Sonne durch das Blätterdach der Bäume hindurch. Ich sehe jedes Detail der Bäume und Blumen wie durch ein Fernglas. Die Blätter und Blüten, so gestochen scharf, als wären sie aus purem Glanz. Gehen, denken, erinnern. Man mag als großer Rebell gefeiert werden, aber man wird niemals der Liebe begegnen. Auch so ein Satz. Ich schiebe die Wärme wie eine Bugwelle vor mir her. Ich fühle mich schlapp. Nichts als Krisen, Zusammenbrüche und Halluzinationen! Politik, Moral, Wirtschaft und Kunst erbeben in ihren Grundfesten. Die Luft ist erfüllt von Warnungen und Prophezeiungen über die kommende Katastrophe.
Mein Rucksack, völlig absurd. Was man alles so mit sich rumschleppt. Ein Gefäß der Angst. Erinnerung und Literatur, ein paar Wörter und Bilder, und die Leerstellen dazwischen füllen wir mit Vorstellungen aus. Das Imaginäre, die Ordnung der Mutter. Die Ordnung der Dinge, das Gesetz des Vaters. Misstraue, denke ich, Sätzen. Wörter sind keine festen Größen, sie schweben über dem, was sie bedeuten und schwebend bringen sie ihre Bedeutung gegeneinander hervor. Im Vorteil sind die, die an Wörter glauben und andere dazu bringen, diesen Glauben zu teilen. Eine Realität, die auf Unterwerfung beruht. Wer früh zu zweifeln beginnt, hört spät damit auf.
Es ist heiß. Bin ich der, der ich bin? Drehen sich die Wörter und die Bäume um mich herum? Bäume, das heißt Nadeln oder Blätter. Oder Goethe, das heißt Ginko. Die Macht der Unterscheidung, daran kann man sich klammern. Buche, heißt es, brenne am besten. Wer niemals Feigenholz ver-

brannt hat, weiß nicht, wie Wärme duftet. Und Tannenholz, so kräftig, so knackig gut, riecht nach Harz ...
»Meine Frage!«, höre ich Harry ungeduldig schnaufen, weil er sie wohl schon zum dritten Mal stellt. »Meine Frage war: Warum schreibt einer wie du?«
Was soll das heißen? Warum? Was bedeutet: wie du?
»Das müsste man sich als Schriftsteller doch öfter mal fragen, ja, eigentlich ständig«, bohrt Harry nach.
Ich ... mich ... fragen? Wie soll das gehen?
»Hey, Alter, träumst du?«
»Schreiben«, sage ich und schnaufe gegen das Gewicht meines Rucksacks an, »ist die Suche nach einem Ausweg.«
Die Stille, die durch meine Antwort entsteht, legt sich wie Wattebäusche auf meine Ohren. Und in der Watte scheint etwas zu lauern. Ich atme: ein, aus, ein, aus.
»Geht bestimmt auch etwas genauer.«
»Der Ausweg«, keuche ich, »aus den Bedingungen, in die ich hineingeworfen bin.«
»Klingt ziemlich pathetisch.«
»Tut mir leid.«
»Schon gut, wenn es passt ... ab und zu braucht man ein großes Wort.«
»Vielleicht sollte ich besser schweigen.«
»Hm, verstehe.«
Wir gehen. Der Weg wird flacher und ich kriege wieder genügend Luft. Das Sein regelt das Bewusstsein.
»An manchen Tagen«, höre ich mich wie jenseits der Watte sagen, »ist mein Schreiben vollkommen frei. Niemand verlangt etwas von mir, niemand redet mir rein. Die Sprache, die Freiheit und ich.«
»Und die Diskurse, der Habitus, das Feld, das System.«

»An manchen Tagen bin ich durch das Schreiben frei.«
»Das ist schön.«
»Schön ist vielleicht das falsche Wort.«
Harry mustert mich schelmisch. »Und der Leser?«
»Wen interessiert schon der Leser.«
Er lacht. »Und die Kunden?«
Ich lasse die Luft geräuschvoll durch die Nase entweichen.
»Verbraucher ...«
»... und Nutzer.«
Er lacht und bleibt stehen.
Er lacht und ich lache auch.

Das Leben ein Traum

Als wir am Torfhaus aus dem schwülen Wald treten, schlägt uns eine tropische Hitze entgegen. Kein Windhauch, ein weiter Himmel, mit einer stechenden milchigen Sonne über einem langgezogenen Parkplatz, auf dem Abgase wabern und der Essensgeruch des Massentourismus. Fleisch und Soße und Pommes. Es ist Mittag. Mir läuft der Schweiß. Hitzewellenglanz, um mich zittert die Welt.
Ich erinnere mich, Kindheit: Brockenblick über die Grenze. Wir hier, die da. Wem was nicht passte, der konnte ja nach Drüben gehen. Der Boden schwankt. Ende der westlichen Welt. Vergangenheit, Blick in den Abgrund, einen Mahlstrom, in dem irgendwas kreist. Was war und was hätte nicht alles ... Was ist? Das wirbelt, das dreht sich. Du bist nicht schwindelfrei, schaust trotzdem von deiner kleinen Klippe herab, deinem winzigen Hier und schwindenden Jetzt.
»Sieh dich um!« Harry zeigt mit einer umfassenden Be-

wegung auf unser Ambiente mit gleißenden Autos. »Ich bin der Meinung, dass alles besser gehen würde, wenn man mehr ginge. Wo alle fahren, geht es sehr schlecht. Sieh dich um! So wie man im Wagen sitzt, hat man sich sogleich einige Grade von der ursprünglichen Humanität entfernt. Man kann niemandem mehr fest und rein ins Angesicht sehen.«

Irgendwie ist mir schlecht und Harrys verschraubtes Gerede macht es nicht besser. Ich sollte mich irgendwohin setzen. In den Schatten. Weg von diesem baumlosen Asphalt. Aber Harry geht weiter. Ich hinterher. Er ist unglaublich fit. Ein Menschenauflauf, die Leute halten ihre Smartphones hoch und fotografieren. Ich bin zu schwach, um neugierig zu sein. Trotzdem trotte ich mit. Auf dem Parkplatz steht ein Kleintransporter. Und auf der Ladefläche, in einer braunen, klebrigen Erde, in der schon seine Füße verschwunden sind, steht ein Mann, reckt die rechte Hand mit einem grellen bengalischen Feuer über den Kopf, von dem rote, grüne und gelbe Dreadlocks abstehen wie eine Krone oder wie die Kappe mit zwei Spitzen. Daran kleine Schellen, die bei jeder seiner Bewegungen spöttisch klingeln.

»Noch ein Irrer«, sagt Harry

»Noch?«, frage ich schwach.

Er grinst mich mit seinem schönsten Ausdruck von Selbstzufriedenheit an. Aber auch auf seiner Stirn stehen Schweißperlen. Mittlerweile sind wir so nah, dass wir verstehen können, was der Mann redet. Als ich den Rucksack langsam zu Boden sinken lasse, kommt es mir vor, als wolle mich sein Gewicht widerstandslos durch den weichen Straßenbelag ziehen und darunter wäre etwas Beängstigendes, das sich wie mein Inneres anfühlen wird.

Er habe, setzt der Mann mit der Fackel gerade neu an, er habe diese saftige schuldschwarze Erde, ‘ne richtige Schmatzerde, von seinen Vorfahren geerbt. Also stünde er in seinem Erdreich, in seinem lockeren Eiland oder elenden Festland. Das sei mal klar.
Beim Reden wühlt er sich mit den Füßen immer tiefer in die Erde hinein. Seine Knöchel verschwinden, und mit jedem Strampeln ein Stück von den Waden. Von der Fackel sprüht gelbes Feuer und gelber Rauch. Und der Rauch schwebt über dem Wagen, sinkt herab und hüllt seine Zuhörer ein.
Er, hebt er an, er biete allen, die mit Seelenschrott und Traumatran beladen seien, denen die Furcht nie genommen, bei denen keine Freude ohne Kummer, kein Frieden ohne Uneinigkeit, keine Liebe ohne Argwohn, keine Ruhe ohne Furcht, keine Fülle ohne Mangel, keine Ehre ohne Makel, kein Gutes ohne schlechtes Gewissen, keine Freundschaft ohne Falschheit sei, all denen biete er Asyl. Und auch all denen biete er Asyl, denen die Angst in Blut und Adern, in Gliedern und Leib übergegangen sei, die mit eigenen Augen gesehen haben, wie große Männer und Frauen gestürzt, und die Unwürdigen, die Verräter und Verräterinnen mit Ehrfurcht angesehen wurden, wie die Treuen hinter Gitter und die Boshaften frei gelassen, die Weisen verjagt und die Unfähigen belohnt, die Aufrichtigen der Lüge beschuldigt und dem Hinterlistigen geglaubt wurde, all denen, die das gesehen haben, biete er Asyl.
Mittlerweile ist er bis zu den Knien versunken. Aber er strampelt sich immer weiter, immer wilder in seine Erde hinein. »All denen«, sagt er lauter werdend, »die erlebt haben, dass Verbraucher als herrlich gelten und als Motor des gesamten Systems, dass hinterlistige Schwätzer als

beredt gelten, Gierige als voll von Fleiß, Mitläufer als verlässlich, Mörder als heldenhaft, all denen biete ich hier Asyl. Denn mein Recht ist Vielheit, und das ist mein Land. Und meine Freiheit ist eine gemeinsame Freuheit, das ist die Neuheit, wenn Ihr Euch treu seid.«

Die Rede ist plötzlich zu Ende und seine Fackel heruntergebrannt. Die Leute zerstreuen sich wie der schwefelige Qualm. Der eine oder andere sucht nach einem Hut, in den man eine Münze für die Performance werfen könnte. Ein paar Meter weiter gibt es Eis. Schließlich stehen nur noch Harry und ich vor seinem Wagen, und blicken hoch zu ihm und dem gelben Rauchfaden, der von seiner rechten Hand aufsteigt. Er ist bis zur Hüfte versunken. Seine strahlend blauen Augen ziehen mich an. Ich trete näher, klettere auf den hinteren Reifen und recke mich zu ihm empor. Er beugt den Rumpf, und als sein Mund ganz dicht an meinem Ohr ist, flüstert er mir zu: »Welcher Staat kann von seinen Bürgern einen offenen Geist erwarten, wenn er sie misshandelt. Und«, er lässt die Fackel fallen und achtlos über die Erde rollen. Er wird noch leiser, »wenn es uns hier besser geht als den anderen irgendwo anders, wenn es uns hier sogar am besten geht, sind dann nicht wir die, die am gehorsamsten sind?«

Harry zupft an meinem T-Shirt, nötigt mich vom Reifen runter auf den Asphalt. Er dirigiert mich vorsichtig weg. Den Rucksack schleife ich hinter mir her. Vielleicht ist alles ganz anders, als es scheint. Wir haben ein gutes Stück Abstand gewonnen, Harry bleibt stehen und schaut mich ernst an: »Lass dich nicht mit Narren ein.«

»Warum?«

Er schüttelt den Kopf, als sei ich ein hoffnungsloser Fall. »Man weiß nie, was als nächstes passiert.«

»Aber«, stammle ich, »was er sagt ... und, wenn man das alles weiß ...«
Harry stöhnt und schaut mich an, als wolle er mich wachrütteln. Er ist besorgt, das verstehe ich. Die Welt beginnt sich um mich zu drehen. Im gleichen Moment rast ein Wagen mit wirbelndem Blaulicht auf den heißen Parkplatz und kommt mit quietschenden Reifen ein paar Meter vor uns zum Stehen. Die Türen fliegen auf und zwei bullige Typen in weißer Kleidung springen heraus. Eine Mischung aus Security-Glatzen und Krankenpfleger. Sie rennen auf den Kleintransporter zu, fuchteln mit den Armen und brüllen dem bis zur Hüfte in seiner heiligen Erde versunkenen Mann mit den dreifarbigen Dreadlocks zu: »Halt, stehenbleiben ... Komm runter!«
Der Galopp der beiden Pfleger geht schon in Trippelschritte über, weil sie mit Schwung auf die Ladefläche hinaufspringen wollen, da öffnet sich die Seitenklappe und die Erde rauscht wie schwarzes Wasser aus einem gebrochenen Staudamm auf sie zu. Einen Moment sind sie weg. Alles steht still. Dann rappeln sich ihre weißen Uniformen aus der schwarzen Masse hervor.
Wir lachen. Aber wo ist der Narr? Als der Motor anspringt, schauen Harry und ich gleichzeitig nach vorn. Hinter dem Steuer wackeln die rot, grün und gelb gefärbten Haare und es ist, als hörten wir die Schellen klingen. Der Wagen setzt sich provozierend langsam in Bewegung, wird schneller und fährt einen Streifen Erde über den Parkplatz verstreuend zur Ausfahrt, fädelt in den Verkehr ein und ist verschwunden.
Noch immer belegt das Blaulicht den Parkplatz mit einem schwindelerregenden Farbspiel. Harry deutet auf das Auto. Auf der Tür und der Motorhaube steht *Corpus*

KÖRPER DES VERBRECHENS // JULI ZEH

Delicti. Und hinter den vergitterten Scheiben sitzen ein Mann und eine Frau. Der Hundertjährige von heute früh und die Lehrerin aus Clausthal. Um den Wagen haben sich Schaulustige versammelt. »Er wollte sterben«, sagt ein empörter Mann mit kariertem Hemd und einer Kamera vor dem Bauch, die absteht wie ein gigantischer Penis. »Sie hat geraucht«, stimmt eine Frau mit verschwörerischem Tonfall ein und fügt hasserfüllt hinzu, »vor einer Schule.«
»Das ist er«, brüllt jemand hinter mir. »Das ist er, haltet den Mann.«
Alle Augen richten sich plötzlich auf mich. Harry begreift schneller als ich. Die Pfleger haben sich hochgerappelt und stürmen, bei jedem ihrer kraftvollen Sprünge Dreck um sich werfend, direkt auf uns zu. Die Versammlung, die Pillen, die Torte! Verstehen. Kostbare Sekunden verstreichen. Der Mob am Einsatzwagen versperrt uns den Weg Richtung Brocken. Harry schubst mich vor sich her. Da ist nur noch der Wald.
»Mein Rucksack!«, schreie ich, »mein Rucksack«, drehe um und kriege einen Gurt zu fassen, bevor Harry mich wieder packt. »Oh Mann«, stöhnt er und zieht mich grob mit sich weg. Ich kann gar nicht anders, als zu laufen, wenn ich nicht hinfallen will.
In meiner Jugend war ich sehr sportlich. Das zahlt sich jetzt aus. Aber die Schergen von Corpus Delicti sind jünger. Wir rennen ohne Rücksicht quer durch das Di- ckicht des Waldes. Kommen sie näher? Harry keucht, ich schnaufe wie eine Dampflok. Aber irgendwann wird das Laufen zum Rausch, es ist, als ob ich fliege, über den Wurzeln der Bäume schwebe. Dann ebbt der Rausch ab und wir trotten noch eine Weile weiter. Die Stille, die Hitze, wir triefen vor Schweiß und fallen einfach irgendwo um.

»Wenn du mich nicht hättest«, ist das erste, was Harry nach einer Weile sagt.
Ich schaue in den Himmel, die Farbe der Ferne ist Blau. Dann höre ich, wie der Wald über uns lacht.
»Gut, dass wir den Rucksack haben.«
»Wir?«, fragt Harry und schnauft.
Ich fasse in eine Seitentasche, hole die Karte heraus und falte die Blätter auseinander, drehe sie, bis Norden oben ist.
»Also, wahrscheinlich sind wir hier.«
Ohne auch nur auf die Karte zu schauen, wirft mir Harry einen abschätzigen Blick zu. »Was veranlasst dich zu dieser Vermutung?«
»Naja, da ist das Torfhaus ...«
»Auf der Karte.«
»... wir sind in diese Richtung gelaufen ... Hier sind überall Sümpfe, aber ...«
»Gut, keine Beweise, kein Orientierungspunkt. Mit anderen Worten: verlaufen. Hier ist noch Wald, aber der ist umgeben von Sümpfen. Und es wird dunkel. Was gedenkst du zu tun?«
Ich hasse es, wenn er diesen Besserwisser raushängen lässt, diese rhetorischen Fragen, die nur dazu dienen, mir zu zeigen, was ich nicht weiß und was ich nicht kann. Ich ziehe die Achseln hoch und lasse sie wieder fallen. Ich habe Hunger und Durst, kann nicht mehr denken. Gleich werde ich wütend.
Harry steht auf, nimmt mir die Karte ab, streckt mir die freie Hand hin und zieht mich hoch. »Es hat keinen Sinn, hier sitzen zu bleiben.«

Ich nicke. Ich hatte mir die Harzreise anders vorgestellt. Ruhiger, bequemer. Bin ich ein Spießer? Harry schaut mich mitleidig an. Er kann meine Gedanken lesen. Er geht los, ich hinterher. Unsere Schritte patschen auf dem feuchten Boden. Vom Verlaufen stand bei Heine, glaube ich, nichts. Der Harz kommt mir plötzlich viel größer vor. Aber, denke ich, wir sind ja nicht in Sibirien oder Alaska. Wir kraxeln einen Hang hinauf und stehen auf einem Weg. Es dämmert, der Wald sieht ganz anders aus, als bei Licht. Wir gehen und schweigen. Manchmal braucht man ein bisschen Glück. Ein Bauwagen! Vielleicht von Waldarbeitern, Förstern oder Naturparkbeschützern. Der Schlüssel an einem Nagel unter dem Trittbrett. Drinnen Äpfel, altes Brot, Süßigkeiten, Wasser und eine Kiste Bier, so warm wie der Tag.

Harry hat Holz für ein Lagerfeuer gesammelt. Ich döse mit einem Bier in der Hand vor mich hin. Es wird kühl. Harry lacht, das Feuer brennt und in den Flammen tanzen die Geister.
»Wandern und Schreiben«, sagt Harry, »eine schöne Idee, könnte von mir sein.«
»Ich bin mir nicht mehr so sicher.«
»Das gehört wohl dazu.«
»Zum Wandern?«
»Zum Schreiben.«
Harry nickt.
»Und?«
»Keep it real, wie der Engländer sagt.«
»So einfach ist das.«
»Dass es einfach ist, habe ich nicht gesagt.«
Ich werfe ein paar Zweige ins Feuer.

Harry lehnt sich bequem zurück und schaut in den Himmel: »Im Feuerschein tut dir die Seele weh, du nimmst es hin und fragst, ob du ein Sänger bist, gar ein Poet, der singt, der singt ein Lied, von einem Leben, das mal leise war, und fragst, was kann das Singen schon in einer Zeit aus Traurigkeit, in einer Zeit, die uns zerstampft, die uns zu Lärm verdaut ...« Er bricht ab und macht eine Pause. »Lass uns singen.«

»Kann ich nicht«, antworte ich verstimmt.

»Jeder kann. Hier ist der Rhythmus.«

Er trommelt auf einen leeren Eimer. Und ich? Ich warte. Er trommelt. Ich fange an zu summen, und neben dem Trommeln bilden sich Wörter, fast wie von selbst. Ich spreche. Ich singe:

hör auf deinen Herzschlag
hör auf deinen Herzschlag
hör auf deinen Herzschlag
hör auf deinen Herzschlag
hör auf deinen Herzschlag
hör auf deinen Herzschlag
hör auf deinen Herzschlag
hör auf deinen Herzschlag
hör auf deinen Herzschlag
hör auf deinen Herzschlag
hör auf deinen Herzschlag

5.

Der König der Zeit

Ich erwache und weiß nicht, wo ich bin. Eine Hütte, ein Bauwagen. Es ist kühl. Aber die Kühle tut mir gut. Vorsichtig richte ich mich auf. Alter! Ein stechender Kopfschmerz. Aber woher? Ganz vorsichtig aufstehen. Da hängt ein Spiegel, ein sonderbares Ding: eine flache Scheibe, eine Silberschicht hinter Glas. Gedanken. Gedanken können auch nerven. Ein albernes Einrichtungsstück. Aber immer wieder mit dieser unwiderstehlichen Anziehungskraft. Zeigt nur den gegenwärtigen Zustand, ohne Tiefe. Ganz anders als Selfies. An der Oberfläche liegt alles bloß. Ein Bild ohne Bedeutung, das in dem Abstand hinter der Scheibe bleibt, wie der Betrachter davor. Eine Falle, ein Trick, ein Kreislauf zwischen drinnen und draußen. Was ich sehe, betrachtet mich. Die Vorurteile, mit denen ich hineinblicke, starren zurück. Ich strecke den Kopf vor, bis meine Nase die Scheibe berührt. Wo kommt nur dieser Kopfschmerz her? Da, ein Bierkasten mit leeren Flaschen. Ich erinnere mich.

In der Nacht hatte ich einen absurden Traum. Ich war die dritte Tochter eines ehrgeizigen Königs. Früher lebten wir in einem Schloss mit vielen Tieren. Dann zogen wir in die Stadt, in eine unwirtliche Siedlung an deren Rand. Der König war oft wütend. Wir taten immer, was er befahl, denn er und die Königin wollten nur unser Bestes. Meine Schwestern waren klug und gescheit, aber ich sprach nicht viel und war einfältig, und alle nannten mich nur das

Dummchen. Als unser strenger Vater, den wir sehr liebten, alt und schwach wurde, wusste er nicht, welcher seiner Töchter er sein Reich anvertrauen sollte. Da dachte er sich eine Aufgabe aus und sagte zu uns, dass diejenige, die ihm den besten Mann bringe, nach seinem Tod Königin sein soll. Damit es keinen Streit gab, mussten wir uns vor unserem Wohnblock versammeln. Dort schoss er drei Pfeile in die Luft und sagte: »Wie die fliegen, so sollt ihr ziehen.«

Der eine Pfeil flog nach Osten, der andere nach Westen und meiner flog nicht weit, sondern fiel bald zur Erde in einen Sumpf. Meine Schwestern lachten und zogen davon. Die eine ging nach rechts und die andere nach links. Ich aber blieb, wo mein Pfeil hingefallen war und war traurig. Als ich nach langer Zeit den Blick hob, sah ich ein Häuschen und hörte im Wind einen zauberhaften Gesang: »Auf dem Berge steht die Hütte, wo der alte Bergmann wohnt, dorten rauscht die grüne Tanne und erglänzt der goldne Mond.« Der Zaun um die Hütte war aus Menschenknochen und aus den Knochen ragten Menschenschädel empor, mit Augen, die in der Dunkelheit glühten. Von hinten tippte mir jemand auf die Schulter und als ich mich umdrehte, schaute ich in mein eigenes Gesicht. »Was ist?«, fragte mich mein Gesicht. »Den besten Mann soll ich bringen«, antwortete ich. Und mein Gesicht sagte: »Geh in die Hütte. Der Morgen ist klüger als der Abend.« Ich öffnete die Tür, legte mich hin und schlief ein.

Ich träumte und im Traum wollte ich sterben. Ich, das war mir plötzlich klar, wartete mein ganzes Leben auf nichts anderes. Ich wusste nicht, warum ich auf der Welt war. Ich hatte es auch früher nie gewusst. Ich gehöre zu einer Familie, zu einer Generation ohne Bindung und Tiefe.

Unsere Tiefe ist der Abgrund. Unsere Liebe ist schmal und grausam und unsere Jugend ist ohne Jugend, gefangen im Laufgitter der Kindheit, von denen aufgestellt, die sagen, dass sie uns lieben. Im Traum begann ich zu weinen und träumte, wie unsere Tränen zu einer Flut anstiegen, der keine Dämme widerstehen konnten, selbst die nicht, die unsere Väter aufgebaut hatten.

Als ich erwachte, regnete es. Ich nahm einen der Totenköpfe vom Zaun und ging. Vor mir gabelte sich der Weg. Ich setzte mich in den Regen und schaute zu Boden und hörte auf das Geräusch der Tropfen, die sanft auf das Laub des vergangenen Jahres fielen. In einer Pfütze sah ich mein Gesicht. »Was nun?«, fragte es. »Was du erlebt hast, im Gehorsam verleugnen? Tun, was von dir erwartet wird und nicht bekommen, was du dir wünscht? Das eigene zum Fremden machen und dann andere hassen?« Wie einfach das klang. Als wäre es mir schon immer klar gewesen. Aber das, dachte ich, das ist kein Traum, und ging, ohne nachzudenken, weiter.

Ich kam in einen dunklen Wald. Im Licht, das aus den Augen des Totenschädels fiel, sah ich den Weg und bei Tagesanbruch kam ich auf eine schöne Wiese, wo die Sonne schien und viele tausend Blumen standen. Auf dieser Wiese ging ich weiter und kam zu einem Backofen, der war voller Brot, das Brot aber rief: »Ach zieh mich raus, zieh mich raus, sonst verbrenn ich.« Ich griff in den Ofen, nahm einen Laib aus dem Loch und ging weiter. Von einem Baum pflückte ich einen Apfel und aß beides auf. Dann kam ich zu einem Haus. Aus dem Fenster schaute eine Frau mit großen Zähnen auf mich herunter. »Komm, Mädchen, wenn du die Arbeit in meinem Haus ordentlich machst, so soll es dir gut ergehen.« Ich ging an dem Haus

vorbei und lief weiter und nach einer Nacht und einem Tag kam ich zu unserem Wohnblock zurück.
Die älteste Schwester hatte bei Germanys Next Top Model gewonnen und warf Gold und Silber über sich. Sie brachte einen Rennfahrer mit heim. Die andere war in Amerika gewesen und hatte einen Immobilienhändler mit einer paranoiden Frisur an Land gezogen.
»Schön«, sagte unser Vater. »So muss es sein. Das nenne ich Realismus. Der soll das Königreich haben, der den ersten Sohn macht.« Niemand achtete mehr auf mich. Meine Schwestern verschwanden mit ihren Männern im Schlafzimmer, mein Vater setzte sich zufrieden in seinen Fernsehsessel und machte ein Bier auf. Mir wurde unwohl, denn immer, wenn er trank, wurde er böse, ging zum Gummibaum und zog den Bambusstock aus der Erde. Früher hatte ich ständig Angst. Wenn ich beim Essen kleckerte, hatte ich ein Ding weg. Wenn ich etwas umstieß, versohlte er mir den Hintern. Wenn ich beim Rechnen Fehler machte, weil ich Angst vor ihm hatte, drosch er mit dem Bambusstock auf mich ein und nannte das eine gute Erziehung.
Er nahm einen Schluck aus der Flasche und schaute mich an: »Du bist das schwarze Schaf der Familie. Aus dir wird nichts werden«, sagte er. Ich griff in meine Tasche und holte den Totenkopf mit den erloschenen Augen hervor. Denn auch ich hatte meinem Vater einen Mann mitgebracht.
Als es vorbei war, stand ich auf und verließ die Wohnung, das Haus und die Stadt. Die Sonne ging auf. Ich würde Jura studieren. In einer Welt, in der man einen Audi liebt, in der Geisteskrankheit als Realismus und Wahnsinn als Normalität gelten, schien mir das eine gute Wahl.

Ich klettere aus dem Bauwagen. Der Himmel ist strahlend blau. Um mich herum eine Kuppel aus Stille und hinter der Stille Vogelgezwitscher. Je höher du kommst, denkt es in mir, desto tiefer blickst du hinab. Ob das auch anders herum funktioniert? An den Tannen klettern Eichhörnchen umher und ein paar Meter entfernt steht ein Hirsch in der aufgehenden Sonne. Er mustert mich ruhig und trabt dann unbeeindruckt langsam, fast gleitend davon. Goldenes Licht mit Insektengeschwirr flimmert durch das Tannengrün, eine lebendige Kühle umfängt mich, träumerisch murmelt eine Quelle und ihr Wasser leuchtet silbern wie der Morgen. Die Vögel singen abgebrochene Sehnsuchtslaute, die Bäume flüstern und die Bergblumen schauen mich an.

Harry kommt mit schmatzenden Schritten über den sumpfigen Waldweg auf mich zu. Er hat zwei Becher Kaffee dabei. Aber woher? Er grinst, aber er sieht mich auch etwas forschend und sorgenvoll an. »Alles wieder im Lot?«

»Ja, logisch, wieso?«

»Du erinnerst dich nicht?«

»Erinnern, an was?«

»Deinen Sonnenstich, gestern, auf dem Parkplatz, da hinten am Torfhaus?« Er nippt an seinem dampfenden Becher. »Menschenauflauf, allgemeine Panik. Ich konnte dich gerade noch vor dem heranbrausenden Krankenwagen retten und in den Wald zerren.«

Jetzt veräppelt er mich. Sonnenstich, ich! Dass ich nicht lache.

Er gibt mir auch einen Becher.

»Du hast mich betrunken gemacht«, sage ich und deute auf die herumliegenden Bierflaschen. »Und jetzt diese Räuberpistole.«

»Auf jeden Fall bin ich froh, dass es dir wieder besser geht. Es wäre doch schade, so kurz vor dem Brocken abbrechen zu müssen.« Dabei fixiert er mich wie ein Arzt. »Faszinierend«, sagt er. Dann ist er still.

Wir trinken schweigend den Kaffee und gehen los, ohne miteinander zu reden. Das Torfhaus ist tatsächlich nur hundert Meter entfernt. Harry schaut mich an und sein Blick sagt: Setz einen Hut auf.

Was auf dem Spiel steht

Ich habe wieder festen Boden unter den Füßen. Das ist der Harz. Da das Torfhaus. Vor uns der Brocken mit seiner berühmten Pickelhaube. Alles gut ausgeschildert: Goetheweg. Ich memoriere mein Wissen. Der Dichterfürst war hier, Dezember 1777, im Jahr der Galgen, lief er über den zugefrorenen Sumpf. Die Sehnsucht nach dem Gebirge ergriff die Massen: dreihundert Besucher. Verklärung der Waldeinsamkeit, Wunsch nach einer Harmonie zwischen Mensch und Natur. Heute: eins Komma vier Millionen Harmonien pro Jahr. Erstes grenzüberschreitendes Naturschutzgebiet, Kohlendioxid- und Wasserspeicher, Wetterkapriolen, hohe Niederschlagsmenge, Quellgebiet, Wasserscheide zwischen Weser und Elbe. Sehr gut! Das heißt, mein Kopf funktioniert einwandfrei. Das ist der Abbegraben, moordunkles Wasser für die Mühlen der Bergwerke. Das der Fichtenwald. Blaues Dreieck, roter Punkt. Voraus der Quitschenberg. Von Quitsche, Eberesche, die ursprüngliche Bewaldung.

Und das ist der Sumpf. Kein Schritt vom Weg, raunt meine innere Stimme. Trügerische Scheinwelt, fleischfressende

Pflanzen, Wollgras verführt dich. Der Matsch, die fünf, sechs Meter dicke Torfschicht, das Gluckern, die Stille, die Leichen im Moor. Die Sonne steht senkrecht über unseren Köpfen. Ein paar Wölkchen im Blau. Die Natur schweigt und das Wort Dasein erhält eine konkrete Bedeutung. Wir setzen uns an eine Quelle und hören dem Wasser zu. Das ganze Jahr suchst du den Sommer und dann wie aus dem Nichts ist er da.

Ein paar Schafe kommen leise bimmelnd hinter einem Haufen übereinander gewürfelter Steinblöcke hervor. Bleiben stehen, als wollten sie schauen, ob hier auch eine Welt existiert. Gefolgt vom Hüter der Herde und seinem Hund. Ohne Eile überquert er die Weide, begrüßt uns und setzt sich auf einen bemoosten Stein wie auf einen grünen Thron. Unser Blick streift weit über das Land, in der Ebene wie aus hingeworfenem Spielzeug die Städte und Dörfer, Burgen und Schlösser, Villen und Vorstädte. Oh, es ist ein schönes Land.

»Wohnen Sie hier?«, bricht Harry das Schweigen

Der Schäfer deutet mit dem Daumen über die Schulter Richtung Süden. »Seit ein paar Jahren. Der Abstand«, er nickt Richtung Ebene, meint aber vielleicht noch etwas anderes, »der Abstand tut gut. Anfangs dachte ich, jetzt gibst du auf. Aber wer weiß das schon. Ich brauchte Ruhe. Rhythmus statt Takt. Und seit ich das habe, komme ich zum Nachdenken ... Nachdenken wird unterbewertet.«

Harry schaut mich heimlich an und äfft den weisen Ausdruck des Schäfers in dessen Rücken nach. Auf der Weide die Schafe, die von allem unberührt grasen.

Der Schäfer fährt mit einer sonoren Stimme fort: »Überall klemmt es. Nichts läuft so, wie es soll. Wohin man auch blickt, Probleme über Probleme. Und jede Lösung bringt neue Probleme hervor. Es wäre gut, wenn wir uns mal die Zeit nehmen würden, uns selbst zu verstehen.«

Gleich bringt mich Harry mit seinen Grimassen zum Lachen.

Der Schäfer zupft einen Grashalm aus und rollt ihn zwischen den kräftigen Fingern hin und her. »Sicher helfen uns unsere Vorstellungen, Theorien und Überzeugungen, dem allen hier einen Sinn zuzuschreiben. Aber wir nutzen sie auch wie Brillen, durch die wir unsere Welt und uns selbst wahrnehmen. Dass diese Vorstellungen sehr gut zu unserer gegenwärtigen Lebensweise passen, bedeutet ja nicht, dass sie auch wirklich zutreffend sind. Es könnte ebenso gut umgekehrt sein. Möglicherweise haben wir unser Leben, unsere Art des Umgangs mit anderen Lebewesen und unsere Beziehungen zu anderen Menschen an diesen Vorstellungen ausgerichtet.«

Harry gibt das Faxenmachen auf und lehnt sich resigniert an einen Stein. Das Wasser erzählt eine gluckernde Geschichte von Anfängen ohne Ende. Ich lege mich bequem hin und höre zu: ... aus seinen Knochen türmten sie die Berge ... aus dem mächtigen Schädel die Wölbung des Himmels und aus dem Hirn die wallenden Wolken. Und einen Garten schufen sie in der Mitte des Weltalls ... Ich liege. Ein gutes Gefühl, den Boden zu spüren, die Erde im Rücken zu haben und sich mit ihr durch die Ewigkeit zu bewegen.

»Menschliche Gemeinschaften«, fährt der Schäfer mit seiner ruhigen Stimme fort, »entwickeln Ziele und schaffen dafür innere Bilder. Wenn ein Ziel erreicht oder nicht erreicht wird, passen die Bilder oft nicht mehr zum neuen Zustand und es besteht die Gefahr, dass sich die Gemeinschaft auflöst. Dann gibt es verschiedene Möglichkeiten, die Probleme, die daraus entstehen, zu lösen. Ein billiger Kurzschluss sind Feindbilder. Aber auch ein neues oberflächliches Ziel, zum Beispiel ein Flug zum Mars, die Eroberung des Nachbarlandes oder die Digitalisierung der Kühlschränke und Autos. Und diese Bilder kombiniert man mit dem Versprechen, dass auch die Realität der alten Bilder wieder wirksam wird.«

»Das Doppeldenken«, denke ich, »zu wissen und nicht zu wissen, während man sorgfältig konstruierte Lügen erzählt, gleichzeitig zwei einander ausschließende Meinungen aufrechtzuerhalten, zu wissen, dass sie einander widersprechen, und an beide zu glauben, die Logik gegen die Logik ins Feld führen, die Moral verwerfen, während man sie für sich in Anspruch nimmt.«

»Wenn es zu den Bildern jemals eine Realität gab«, mischt sich Harry ein. »Sie sprechen davon, wie man durch die Wiederholung der Syntax und Lexik den Referenten stabilisiert und sich so seines eigenen Identitätsbewusstseins versichert.«

»Die Golddublone«, flüstere ich. Über mir Blau. Was für ein Blau. Ein Satz fällt mir ein oder höre ich ihn im Plätschern der Quelle. »Es ergeht ein Befehl zu wetteifern um das höchste Glück der Stimmung.«

»Was passiert«, fragt Harry, »wenn es also den Planeten, die Erde, den Boden und das Territorium, das die von allen Ländern angestrebte Globalisierung beheimaten soll, gar nicht gibt, was macht man dann? Man leugnet das Problem!«

Der Schäfer nickt. »Eine weitere Möglichkeit ist es, dass eine Gruppe versucht, die Kosten der selbst erzeugten Probleme auf Andere abzuwälzen.«

»Das Unerreichbare«, höre ich, »von dem in der Ferne die

Bäume rascheln und am späten Abend die Welt.«
»Wir haben die Sehnsucht nach dem Ganzen und Einen, nach der Versöhnung von Begriff und Sinnlichkeit, nach transparenter und kommunizierbarer Erfahrung teuer bezahlt«, mischt Harry sich ein.
»Wir sollten uns endlich aufmachen, um ein bewohnbares Territorium für uns und unsere Kinder zu entdecken«, sagt der Schäfer.
»Sein Weg«, höre ich die Quelle flüstern, »lag inmitten des Sommers und im Zweifel an seinem Leben und der Schwäche des Körpers ohne Wahrheit.«
Der Schäfer deutet nach Osten auf etwas Weißes am Horizont. »Wie oft sehen wir den Vollmond noch aufgehen?«
Harry schweigt.
»Man könnte«, fährt der Schäfer fort, »gemeinsam nach einer für alle Menschen und alle Gemeinschaften gleichermaßen gültigen attraktiven neuen Orientierung suchen, ein sich global verbreitendes und sich im Gehirn aller Menschen verankerndes Bild finden, das zum Ausdruck bringt, worauf es im Leben, im Zusammenleben und bei der Gestaltung der Beziehungen zur äußeren Welt wirklich ankommt: auf Vertrauen, auf wechselseitige Anerkennung und Wertschätzung, auf das Gefühl und das Wissen, aufeinander angewiesen, voneinander abhängig und füreinander verantwortlich zu sein.«
»In der Republik«, unterbricht Harry den Vortrag, »gibt es mehrere Erzählungen, weil es mehrere mögliche finale Identitäten gibt. Die großen Erzählungen, die sie verlangt, sind Emanzipationserzählungen, keine Mythen. Im Unterschied zu den Mythen finden sie ihre Legitimität aber nicht in ursprünglichen, begründeten Akten, sondern in einer

einzulösenden Zukunft, das heißt in einer zu verwirklichenden Idee. Zum Beispiel der Freiheit, der Gleichheit.«
»Er sammelte«, höre ich die Stimme des Wassers, »Dokumente der planlosen Erschaffung der Welt als Fakten der Melancholie eines jeden lebendigen Atems. Nur der Gedanke der Zukunft fügte ihn ein in ein karges Glück.«
Der Schäfer nickt und schweigt einen Moment. »Dass es diese Bilder immer wieder gibt, und dass wir sie verstehen, sagt doch schon alles.«
Harry rappelt sich hoch. »Der moderne Mensch scheint ständig Buße zu tun. Seine Arbeit ist niemals zu Ende.« Während er spricht, setzt er sich aufrecht hin. So bekommt seine Stimme mehr Volumen und seine Wörter größeren Nachdruck. »Und so bringt der Mensch sein Leben in stiller Verzweiflung hin. Was wir Resignation nennen, ist nichts anderes als chronische Verzweiflung. Es scheint, als habe er sich für die allgemein übliche Lebensweise entschieden, tatsächlich ist er davon überzeugt, keine andere Wahl zu haben. Was heute alle als wahr anpreisen, oder stillschweigend dafür gelten lassen, kann morgen falsch sein, sich in Rauch auflösen, den mancher für eine Wolke hält, die fruchtbaren Regen über seine Felder bringen würde.«
Der Schäfer nickt.
»Du wirst es merken«, sage ich laut, »schon an deiner Traurigkeit. Die Idee ist umgeben von Alltagsleidenschaften. So eine unglückliche Traurigkeit. Das ganze Geld getränkt mit Gram und der Tag wird in geduckter Weise durchlebt. Jeder erfindet sich eine Idee der künftigen Rettung von hier.«
»Und? Die fällt vom Himmel?«, raunzt Harry mich an.
Der Schäfer steht mit einer geschmeidigen Bewegung auf

und schaut verständnisvoll auf uns herab: »Wir leben schon viel freier, als wir denken.«

Wir brechen auf. Als ich ein paar Meter gegangen bin, dreht sich die Welt. Ich bleibe stehen, bis der endlose Horizont nicht mehr wackelt. Harry schaut mich prüfend an, schüttelt skeptisch den Kopf und geht langsam weiter. Wenn alle zugleich nachdenken, denke ich, während ich mich vorsichtig in Bewegung setze, wer wird dann handeln? Ich höre Harrys Atem. Vier Schritte ausatmen, vier Schritte einatmen. Wir laufen lautlos über den saftigen Boden. Und, denke ich, wird die Zeit nicht allen Nutzen fressen und das Herz nur gewohnheitsgemäß schlagen? Ich fühle in meinem Körper einen Fleck, an dem nichts ist, kein voller Glauben an die Notwendigkeit der Welt. Einer bringt dem Anderen Arbeit und Nutzen bei und alle geben sich hin dem Vergessen des Unglücks.

»Bildung wäre eine Lösung«, stöhne ich, um die Traurigkeit meiner Seele zu durchbrechen.

»Alles in Ordnung?«, fragt Harry und bleibt abrupt stehen. Ich hole Luft und bündle meine Gedanken zu einem konsensfähigen, geistige Gesundheit demonstrierenden Satz: »Bildung eröffnet Chancen.«

»Sehr schön«, sagt Harry, »sehr schön. Und du selbst bist dann wer?«

Ich bin verwirrt. Ein zu großer Sprung. Außerdem hatte ich mir eine aufbauende Antwort versprochen.

»Ist es nicht wahr?«, frage ich schwach vor Atemnot. Aber Harry kennt keine Gnade. Konversation ist für ihn ein Fremdwort.

»So gesehen ist Bildung eine Form des Aufstiegs und gesellschaftlicher Aufstieg ist die anerkannteste Form der

Anpassung.«
»Bildung, das hörst du jeden Tag«, werfe ich schon etwas mutiger ein, »ist ein Weg, der jedem offen steht ... stehen sollte.«
Harry kickt einen vermoderten Ast über den Weg, der sich mit jedem Tritt weiter in seine faserigen Bestandteile auflöst. »Es werden nicht nur Geld und Immobilien vererbt, sondern auch Bildung und Selbstvertrauen.«
»Aber Bildung heißt, sich die Dinge vom Standpunkt eines Anderen anschauen zu können«, wende ich ein, winke ab und gehe weiter. Ich habe keine Lust mehr. Ich will schweigen. Doch Harry hat Feuer gefangen und läuft redend neben mir her.
»Das ist komplex, ich kann verstehen, dass sich manch einer nach Vereinfachungen sehnt, eine Vereinfachung, die in einem Wort mündet.« Er bleibt stehen, öffnet die Arme wie ein Showstar auf einer breiten Treppe und ruft: »Bildung!« Dann geht er weiter. »Man sollte in Betracht ziehen, dass das, was gerade unter dem Begriff Bildung propagiert wird, eine Form des Gehorsams ist. Jede mögliche Rebellion wird damit kompensiert. Je gehorsamer oder gebildeter die Mitglieder einer Gesellschaft sind, desto erfolgreicher ist die Gesellschaft. Denn diese wird sich des affirmativen Charakters ihrer Bildung gar nicht bewusst. Und«, er bleibt wieder stehen, hebt drohend die Hand, schüttelt den Zeigefinger und sagt mit lauter Stimme, »die Mehrheit hängt so unbedingt und ausschließlich an dem Leben, das sie führt, dass sie sich jeder Möglichkeit einer Änderung verschließt, auch wenn sie längst ahnt oder sogar weiß, dass es so nicht weitergehen wird und nicht weitergehen kann.«
Ich bin auch stehen geblieben und stoße keuchend hervor:

»Der Kapitalismus als Produktionsweise, die immer zunehmend unsere Lebensformen bestimmt, ist, wie Marx fand, zugleich etwas Großartiges und zutiefst Beunruhigendes. Weil er alles umwälzt, neue Lebensmöglichkeiten schafft, während er gleichzeitig vieles zerstört und verhindert.«
»Ach ja, der Karl. Ich erinnere mich«, sagt Harry versonnen. »Aber das entschuldigt nicht den Gehorsam. Von einer Pflicht zum Ungehorsam gar nicht zu reden.«

Je höher wir den Berg hinaufsteigen, desto kürzer und zwergenhafter werden die Tannen. Sie scheinen mehr und mehr zusammenzuschrumpfen, bis nur Heidelbeersträucher und Bergkräuter übrig bleiben. Es wird merklich kühler. Die Granitblöcke strahlen etwas Hexenhaftes und Faustisches aus. Ich bin wieder fit und schreite unerschrocken durch diese nordischen Phantome hindurch. Harry, das spüre ich deutlich, will die Stimmung verbessern.
»Was weißt du noch über Heine?«, fragt er wie nebenbei.
»Schließlich sind wir deswegen hier.«
»Auf dem Goetheweg.«
»Ja, dumm gelaufen.«
»Weswegen ich hier bin, weiß ich nicht.«
»Komm, konzentrier dich, das bisschen Sonne.«
Was solls, ich gehe auf das Angebot ein. »Heine war ein Romantiker ...«
»Ach was!«, er würgt eine unverschämte Bemerkung herunter und fährt mit Kreidestimme fort: »Klingt interessant.«
»In der Harzreise erfährt man über Heine ja nichts.«
»Hm.«

Dass Harry so unschuldig aussehen kann.
»Heine war ein Romantiker, obwohl er dem Sinn für romantische Poesie in Deutschland tödliche Schläge beigebracht hat. Ihn beschlich immer wieder die Sehnsucht nach der blauen Blume, er griff nach der verzauberten Laute und sang ein Lied, in dem er sich allen holdseligen Übertreibungen, aller Mondscheintrunkenheit, allem blühenden Nachtigallenwahnsinn hingab: das letzte freie Waldlied der Romantik. Gleichzeitig hat er die Schule der modernen deutschen Lyrik eröffnet.«
»Wer kennt sich schon«, fasst Harry lakonisch zusammen.
»Moment, es geht noch weiter. Das ist nicht alles. Gleichzeitig war Heine für Deutschland, in einer Zeit, in der sich eine journalistische und politische Öffentlichkeit mühsam durchzusetzen begann, ein Prototyp, ja, fast schon ein moderner Intellektueller. Und zwar einer, der noch aus einem Gefühl der Verantwortlichkeit für das Ganze heraus handelte. Und das wiederum erklärt, warum viele Intellektuelle später mit Heine wenig anfangen konnten.«
Harry nickt mir aufmunternd zu. Sein stummes, unerwartetes Lob bringt mich in Fahrt.
»Ein kleines Beispiel? Heine betreibt diesen Doppelspagat im Wintermärchen. Ein subversiv mythisches Denken, dass man in den populären Wendungen als lyrischen Klang genießt, während man unbewusst den philosophischen Zusammenhang aufnimmt. Also Ideenschmuggel im Klang, sozusagen.«
»Aha!«
»Heine hat von einem geeinten und freien Europa geschrieben und von der Pflicht zur Emanzipation des freien Geistes.«
Harry strahlt mich an. »So viele Schriftsteller und Intel-

lektuelle wie heute gab es noch nie. Das mit der Freiheit scheint zu funktionieren.«

Jetzt ist es an mir, ihn fragend anzuschauen. »Bei einem Publikum, das Kultur und Debatten konsumiert wie das tägliche Brot?«

»Konsumiert?«

»Konsumiert.«

»Schon klar, Literatur ist nicht mehr das Leitmedium. Aber sie könnte, wenn man sie halbwegs ernst nimmt, das Medium sein, das Sprache und Denken zugänglich macht, und im Umgang mit Narrativen schult.« Harry bleibt abrupt stehen. Dieses ständige unberechenbare Anhalten geht mir auf die Nerven. »Das Narrativ,« sagt er leise, wie zu sich selbst und fährt flüsternd fort, als wäre seine Erkenntnis aufgegangen wie ein empfindlicher Hefeteig »die Erzählung, in der wir uns befinden!« Sein Gesicht ist völlig entspannt, die Augenbrauen streben nicht wie sonst nach innen und bilden auch keine Falte über der Nase. Er schlenkert den Arm, während er redet, und seine Hand schlenkert locker mit. »Die den Markt beherrschenden Maximen, die Spieltheorie, der Egoismus des ökonomischen Menschen, das Kalkül. Nichts, was gesagt wird, bedeutet, was es heißt. Das permanente Misstrauen ...«

»... ist ein mieser Sound für eine Gesellschaft.«

»... immer nur das Schlechteste vom Andern vermuten ...«

».. als ob man in einem Tatort lebt.«

»Und wenn es für den Konsum nicht mehr reicht, oder er seine Wirkung verliert ...«

»... dann ...«

»Aber«, setzt Harry rücksichtslos ein, »Denken ist immer kritisches Denken. Wer nicht denken kann, oder will, schließt sich eher Kollektiven an, in denen er nach den

Regeln des Kollektivs funktionieren kann. Was nicht zu diesem oder zu seiner Funktion passt, wird negiert. Informationen, Wissen, das nicht dazu passt, wird negiert. Die, die sich auf unerwünschtes Wissen berufen, werden zu Feinden erklärt. Für die eigene Gruppe wird das Recht proklamiert, alles zu tun, was nötig ist, um die Gruppe zu erhalten oder zu stärken.«

»Noch ist Polen nicht verloren.«

»Und die Türkei?«

»Ungarn.«

»Amerika, dies ungeheure Freiheitsgefängnis, wo die unsichtbaren Ketten mich schmerzlicher drücken würden als zu Hause.« Harry macht eine Pause. »Das Denken ... Und die hart arbeitenden Menschen. Die Gerechtigkeit, für die hart arbeitenden Menschen!«

»Du meinst«, sage ich, »die immer mehr und effektiver arbeitenden Menschen.«

»... und den Gehorsam, die Bildung und die Anpassung.«

»Der Bürger wird gesehen, ohne selber zu sehen; er ist Objekt einer Information, niemals Subjekt in einer Kommunikation.«

Wir bleiben gleichzeitig stehen.

»Vielleicht fehlt tatsächlich das neue gemeinsame Bild.«

Er winkt ab. Wir laufen weiter.

Es wäre schön, etwas zu sagen, was der Traurigkeit entspricht, die sich erst auf meine Schultern legt und sich dann in meinem Magen zu einem Klumpen verhärtet. Wir gehen, mit Gedanken gefüllt wie mit Frost. Wir schreiten aus in Raum und Einsamkeit. Und du selbst, denke ich, bist dann wer? Das Erreichen eines kritischen Bewusstseins führt zu einem dem naiven Befinden fernen Gesicht. Doch, ich erinnere mich. Die Sonne der Kindheit wärmte einmal den Staub der Straßen, und das eigene Leben war eine Ewigkeit, unter den nackten Füßen die blaue unruhige Erde.

Die Farben der Ferne

Kann man auf einem Weg aus Betonplatten und Rasenrechtecken noch von Gehen sprechen? Ein Kolonnenweg ist ein langweiliger Weg, das steht mal fest. Ein Weg für die Ewigkeit, ein Weg an der Freiheit vorbei. Vor uns der Gipfel, rund und kahl, als lauerte er uns auf. Wir gehen, aber es scheint, als würde der Gipfel immer weiter zurückweichen, wie Kafkas Schloss. Gekrönt von einem Funkturm, der aussieht wie eine Rakete. Türme, Häuser, Antennen, etwas Unheimliches liegt in der Luft, als wären die Gebäude, weil es in ihnen vollkommen dunkel ist, eine Quelle abnehmenden Lichts. Und diese Dunkelheit breitet sich aus. Ein Lied aus uralten Zeiten kommt mir nicht aus dem Sinn: Gitarre, Schlagzeug und Bass. Ein kurzer Auftakt, dann der Gesang. *There must be some kind of way out of here, said the joker to the thief. There's too much confusion. I can't get no relief.* Kann man leugnen, was man weiß? *Businessmen, they drink my wine, plowmen dig my earth. None of them along the line know what any of it is worth.* So möchte ich singen. Und in dem Gesang der Wunsch, Indianer zu werden, gleich bereit, auf dem rennenden Pferd schief in der Luft, immer wieder kurz erzitternd über dem zitternden Boden, bis man die Zügel wegwirft, als hätte es nie Zügel gegeben. Und vor mir das Land: *All along the watchtower, princes kept the view, while all the women came and went, barefoot servants too.*

ALL ALONG THE WATCHTOWER
JIMI HENDRIX

Wir sind oben, auf der Glatze von Vater Brocken, mit einer Schiene drum herum. Harry steht am Geländer, breitet die Arme aus und winkt mich heran: »Da schau, sieh doch hin, sieh doch hin! Ich bin der König der Zeit.«
Und dann sehe ich es: Das Zeitalter, in dem der Riese Ymir lebte, da war nicht Sand, nicht See: Zusammenstoß von Kontinentalplatten, zerrissenes Urgebirge, Appalachen, Harz, Ural, Urmeer, tropisches Klima, Echsen, Saurier: Eiszeit! Vor und zurück weichendes Eis, Urstromtäler, die Elbe, der Elm, Tundra, Nadelhölzer, Menschen, Pferde, Säbelzahnkatze und Waldelefanten, Großwildjäger mit Speeren. Das Sprechen beginnt: Ungeheuer ist viel. Doch nichts ungeheurer als der Mensch. Jäger und Sammler, Bauernkulturen, Schnurkeramik, Bronzezeit, Urnenfeld. Weltreiche finden anderswo statt.
Die Zeit der großen Fiktionen beginnt. Die Kelten ziehen vorbei. Die Römer machen einen Bogen um den unheimlichen Harz. Druck aus dem Osten. Völkerwanderung. Evolution ist Zufall. Die Sachsen, die Warmzeit, der Wein. Druck aus dem Süden, die Franken. Krieg heißt Raubzug, ein König muss ein Eroberer sein. Nur so hat er was zu verteilen. Nur so bleibt er König. Karl der Große. 800, der Papst schafft sich einen römischen Kaiser. Missionszellen. Wölfe und Bären. Deportationen, langwieriger blutiger Krieg. Freundschaft der Herrscher. Klöster hier und Schlösser dort. Heinrich der Erste. Quedlinburg, Zentrum des Reichs. Thingstätten, Gerichtstage, befestigte Burgen am Harz. Otto der Erste, der Zweite, der Dritte und im Hintergrund: Adelheid. Die Slawen kommen. Heinrich der Zweite. Die Salier. Heinrich der Dritte baut Goslar aus, setzt zwei Päpste ab, wird zum Kaiser gekrönt. Heinrich der Vierte geht nach Canossa. Heinrich der Fünfte, ge-

schlagen von Lothar von Supplinburg. Friedrich der Erste, Barbarossa, Welfe und Staufer, gibt seinem Vetter, dem Löwen, das bayerische Herzogtum. Streit um die Silberstadt Goslar. Familienfehde verwüstet das blühende Vorland. Europäischer Konflikt, Welfen und England, Staufer und Frankreich, hier Otto der Vierte, dort Philipp. Und elfneunundneunzig besingt Walther den Sieger beim Hoftag.

Sachsenspiegel. Aber, was sehe ich dort am lieblichen Südrand des Elm. Ein Kind ist geboren, ein bedeutendes Kind, dreimal getauft, auf den Namen Dil. So geht das Mittelalter zu Ende. Die kleine Eiszeit beginnt. Bücher, Zeitungen, die Schornsteine des Volkswagenwerks, britische und sowjetische Zone, fahrn fahrn fahrn auf der Autobahn, Flugzeuge im Blau, Abgasskandal. Die Warmzeit, der lange Regen, Sumpfland, Großes Bruch, Seenlandschaft, Vögelschwärme, Küstenlinie, Delta der Elbe. Eis schiebt sich von Norden heran. Nur die Asse ein farbiger Fleck, grün strahlende Insel im Eis.

Hoch, höher, am höchsten

Wie die Zeit vergeht! Schon Mittag. Im Brockenhaus laufen wir gegen ein Plakat, das eine literarische Tagung ankündigt. »95 Thesen zur Literatur«. Ein langer, gestreckter Saal, Stimmengewirr, links eine zwanzig Meter lange Theke. Selbstbedienung. Harry hat schon ein Tablett in der Hand.

»Ist das nicht eine geschlossene Gesellschaft?«, gebe ich zu bedenken.

Harry winkt ab. Er nimmt zwei Flaschen Bier aus der

Kühlung. »Erbsensuppe oder Soljanka?«

»Erbsen.

»Mit Würstchen?«

»Ohne.«

Er zahlt und drängt aus dem Strom der Nachschiebenden hinaus und geht auf einen Tisch zu, an dem noch niemand sitzt. Ich hätte nie einen Platz in der ersten Reihe genommen, aber Harry sitzt schon. So nah an den an der Kasse Vorbeiströmenden hört man zu viel. Harry schaut dem wuseligen Durcheinander zwischen den unzähligen Tischen mit einem Ausdruck des Vergnügens zu, der ausschließlich für mich bestimmt ist.

»Hildesheim«, höre ich aus den sich vorbeischiebenden Sätzen heraus. Die Suppe ist heiß. Die jungen Männer und Frauen, die als Zeichen, dass sie zu dieser Tagung gehören, eine Golddublone als Anstecker tragen, sind wohl Studenten.

»Ja, Leipzig. Ich bin da eher so reingeraten. Hier ein Job, da eine Stelle und dann irgendwas mit Literatur.«

Ich bin bestimmt der einzige Helmstädter hier.

»Absolut! Literatur ist aber nicht alles.«

»Man braucht den richtigen Marketing-Mix.«

»Warst du nicht in Klagenfurt?«

»Inszenierungsstrategie, sage ich immer.«

»Open Mike!«

»Ohne USP keine Marke.«

»Es gibt kein Entkommen«, weht vom Nachbartisch ein Satz zu uns rüber. »Es gibt kein Entkommen aus der Quantifizierung. Die einen machen freiwillig mit, die anderen können sich kaum entziehen, in einer kulturalisierten Lebenswelt und einer Gesellschaft der Singularitäten.«

Das Bier hat entspannende Wirkung.

»Am besten laufen Titel mit Glück.«
»Schließlich«, flüstert die Stimme hinter mir, »verstrickt das Netz aus Rankings und Ratings uns alle derart, dass wir unsere Autonomie und Subjektivität in den metrischen Fremd- und Eigenerwartungen verlieren. Zudem tönt in den vielförmigen Einladungen, das künstlerische Experiment zu beenden, der Ruf nach Ordnung wieder, ein Wunsch nach Einheit, Identität, Sicherheit, nach Popularität. «
»Und Demenz.«
»Demenz?«
»Geht weg wie nichts.«
»Ach was!«
»Solang du es technisch gut machst.«
Wieder das Flüstern: »Ein Wir wird es so nicht mehr geben. Über die Ziele herrscht in der Republik prinzipiell eine Unsicherheit, eine Unsicherheit über die Identität des Wir. In der narrativen Tradition stellt sich die Frage nach einer finalen Identität nicht.«
»Handwerk, das habe ich ganz schnell begriffen, ist die Grundlage jeden Erfolgs.«
»Was bleibt, ist ein wettbewerbsgesteuertes Differenzierungssubjekt. Leben findet nur noch im Komparativ statt.«
Mein Löffel kratzt zwischen den Suppenresten über den Teller und Harry grinst, als hätte er das alles für mich arrangiert.
»Du meinst also ehrlich Demenz ...«
»Die Position, die ich in meinem Blog dazu bezogen habe, hatte zehntausend Klicks.«
»Schmeckt gar nicht so schlecht.« Harry schaut mich an.
»Die feinen Unterschiede«, antworte ich. Und mir geht durch den Kopf, was die Wahl dieser Suppe, der Brocken

und der Harz alles über mich aussagen.
»Berlin, was andres geht gar nicht.«
»Rankings sorgen für eine Reputationszuweisung. Wer einmal oben steht, zieht weitere Ressourcen an.«
»Hast du nicht den Lyrikaward München ... «
»Preis des Deutschen Buchnabels.«
»Erstaunlich«, sage ich.
»Faszinierend«, antwortet Harry.
»Vielleicht ist das alles nur ein Spiel«, sage ich.
»Sicher helfen uns unsere Vorstellungen, Theorien und Überzeugungen, dem allen hier einen Sinn zuzuschreiben«, beginnt Harry zu zitieren und fährt im Tonfall des Schäfers fort: »Aber wir nutzen sie auch wie Filter, durch die wir unsere Welt und uns selbst wahrnehmen. Dass diese Vorstellungen sehr gut zu unserer gegenwärtigen Lebensweise passen, bedeutet ja nicht, dass sie auch wirklich zutreffend sind. Es könnte ebenso gut umgekehrt sein. Möglicherweise haben wir unser Leben, unsere Art des Umgangs mit anderen Lebewesen und unsere Beziehungen zu anderen Menschen an diesen Vorstellungen ausgerichtet.«
»Also ich, ich betrachte die Schreibschule als eine Art Vorraum des Betriebes, und so einen Matthäus-Effekt gibt es schließlich überall.«
»Sie verstärken aber auch«, die Stimme im Hintergrund wird immer schwächer, »bestehende Ungleichheiten und Diskriminierungen. Und führen dazu, dass die intellektuelle Kreativität nachlässt, weil man die Projekte bereits auf eine positive Begutachtung ausrichtet.«
»Ach, bald werden Computerprogramme Literatur zielgenau für jeden einzelnen Leser produzieren. Jeder bekommt zu lesen, was er lesen will, bevor er es selber weiß.«

»Gehorsam und Opportunismus«, brummt Harry, legt den Löffel aus der Hand und schaut mich mit seinen großen Augen unter den langen Wimpern an: »Ich sehne mich nach einem Zustand, wo ich mich meiner träumerischen Art, meinem phantastischen Sinnen und Grübeln ganz fessellos hingeben kann.«

Zeit für etwas Triviales. Harry schaut sich draußen an, was sich alles verändert hat, und ich gehe in den Souvenirshop. Zwischen all den Puppen und Büchern bin ich der einzige Kunde. An der Kasse langweilt sich ein bäriger Mann. Ich wähle zwei Postkarten aus, zeige sie vor, frage nach dem Brockenhaus und sage: »Das von Heine ist das hier aber nicht?«
Über der Kasse hängen Hexen in allen möglichen Variationen. Um dem Mann ins Gesicht schauen zu können, muss ich etwas in die Knie gehen. Er hält mir seine riesige Hand hin. Ich lege ein paar Münzen hinein. Er schaut mich prüfend an. Wahrscheinlich weiß er es nicht, und es ist ihm unangenehm. Je länger sein Schweigen dauert, desto unangenehmer ist es mir, ihn in so eine Situation gebracht zu haben. Kein anderer Kunde, der mich erlöst. Wir stehen uns gegenüber, als hätte ich einen Fluch ausgesprochen. Vielleicht war es falsch, dass ich keine echte Frage gestellt habe. Ich richte mich auf. Als ich mich abwenden will, fragt er: »Warum war das Brockenhaus, das Heine beschreibt, nicht hier?«
Ich gehe wieder in die Knie.
»Heine beschreibt die dicken Wände gegen die Kälte«, antworte ich.
Er schaut mich wortlos an.
»Trotzdem«, sagt er nach einer viel zu langen Pause, in

einem Tonfall zwischen Frage und Aufforderung.
Vielleicht gehen die Uhren auf dem Brocken ja anders. Vielleicht werden die, die oft hier oben sind, verzaubert und leben und denken im Rhythmus der Hexen.
Ich zucke mit den Schultern.
Schweigen.
»Als Heine hier war, stand hier oben noch nichts.«
»Aha«, antworte ich viel zu schnell. Die folgende Pause wirkt dadurch noch länger. Ich lege den Kopf schräg, um den Blickkontakt nicht zu verlieren.
»Das Brockenhaus stand weiter unten, im Windschatten.«
Ich lasse mir Zeit: »Klar, wegen dem Wind.«
Pause.
»Was meinen Sie, was das hier heißt: Wind?«
»Orkan«, antworte ich.
Er nickt: »Klar, Orkan. Schätzen Sie mal.«
Ich trete von einem Fuß auf den anderen. Gleich stehe ich als totaler Doofmann da. 180, denke ich. Aber so, wie er fragt, ist das zu wenig. ICE, denke ich und, »260!«, rutscht es mir raus.
Er schaut mich anerkennend an, aber auch glücklich. Glücklich, weil ich zu niedrig liege.
»263.«
»Alter Schwede!«
Wir verstehen uns.
»Das Gebäude hier hatte anfangs 15 Stockwerke. Acht aus Stein, der Rest aus Fachwerk. Irgendwann hat man das Fachwerk abgerissen, weil man Angst hatte, dass es wegfliegt. Wenn Sie bei Sturm in der Bar gesessen haben, ist Ihnen schwindlig geworden.«
Ich nicke.
»Und«, sagt er. »Was war das?«

»Ja, was?«, frage ich zurück. Aber das lässt er nicht gelten. Schweigen. Pause. Ich erinnere mich an Herrn Lehmann. Der meinte, es sei unhöflich, Fragen mit Fragen zu beantworten.
»Wetterstation«, rate ich.
Pause.
Er blickt mich abschätzig an.
»Einer der ersten Fernsehsender der Welt«, klärt er mich großzügig auf.
Ich nicke.
»Wann war das?«, fragt er und es klingt wie ein Befehl.
»Waren Sie Lehrer oder Pfarrer«, frage ich. Denke aber »Polizist«.
Er schüttelt den Kopf. Sein enttäuschtes Lächeln gibt mir zu verstehen, dass er weiß, was ich denke und dass ich auch damit falsch liege.
»1936.«
»Klar«, sage ich, »Olympische Spiele.«
Er ist mit mir zufrieden.
»Unten in Stapelburg konnte man die Übertragungen sehen.«
Jetzt sind doch noch Kunden gekommen. Zwei Frauen drängen sich neben mich und wollen ihre Anhänger und Hütchen bezahlen.
»Haben Sie auch Briefmarken?«, frage ich.
»Den Brockenstempel gibt es am Briefkasten am Bahnhof.«
Ich gebe ihm Geld. Er schiebt die Marken über den Tresen.

Das Lokal im Turm ist wegen Renovierung geschlossen. Also gehe ich wieder in den großen Saal, hole mir einen Kaffee und schreibe die Karten. Eine Frau setzt sich neben mich, mustert mich eine Weile und schiebt mir dann ihre Visitenkarte über den Tisch. Ellen Steiner, Literaturagentin.

»Ich weiß nicht, ob dass, was Sie hier schreiben, irgendwen interessieren wird. Zudem verhindert die Perspektive, die Sie gewählt haben, eine intensive Identifikation der Leser mit dem Protagonisten.«

»Ich ...«, fange ich an.

»Genau, Ich! In der Ich-Perspektive, vor allem wenn die Hauptfigur erzählt, muss sich der Leser gedrängt fühlen, sich mit dem Helden zu identifizieren. Es geht nicht um wohlwollende Anteilnahme, sondern um emotionale Identifikation.«

»Mit dem Helden?«, stottere ich.

Sie lacht. »Appellieren Sie an die voyeuristische Neugier und Sensationslust des Lesers, aber ebenso an seine Bereitschaft einer sich öffnenden Seele jenseits von Alltag, Stress und Gefahr, Mitgefühl zu gewähren. Emotionale Ansprache durch menschlich berührende Themen. Und denken Sie daran, dass achtzig Prozent der Leser weiblich und über fünfzig sind. Keine intellektuellen Experimente.«

»Keine Experimente?«

Sie nickt.

»Sie meinen, Literatur funktioniert vor allem über das Präreflexive?«

Sie ist weg. Das ist der Brocken. Überall Hexen. Die Tagung scheint eine Ruhepause eingelegt zu haben. Bildung von Arbeitsgruppen und Begleitprogramm steht auf einem Flyer. In einer Nische liest eine Frau aus ihren Gedichten.

Es tut so weh, wenn eine herrlich liebt,
an hoher Statt
und ihr Begehren wird verschmäht
und ihre Hoffnung nichts gewinnt,
und ihre Klage nicht zu Herzen geht.
Klug ist, wer sich besinnt,
zu werben, wo man ihn annimmt
und sich dahin verlegt,
wo man ihm gnädig ist gestimmt.

Der Applaus der wenigen Zuhörer geht in der weiten Halle unter.

»Wovon man nicht sprechen kann, davon muss man erzählen.«

Harry ist wieder da. Jetzt ist es an mir, mal die Augen zu verdrehen.

»Das meine ich«, sagt er und deutet durch den gut dreißig Meter langen Raum über das Stimmengewirr. Ein Plakat wird aufgehängt, das Ergebnis der Arbeitsgruppen. Die 95 Thesen zur Literatur. Die Autorinnen und Autoren haben sich schon in einer Reihe aufgestellt, um jeweils eine These ins Mikrophon zu sprechen: Literatur ist Literatur ist gut ist gegen und für Kinder müssen mit stabiler Lesemotivation Eltern Bücher kaufen Bücher Kultur gut Phantasie der Toleranz des Buches und des Lesens Handlungen der Wahrheit und der Mehrwertsteuer des Fremdverstehens Messen Lesefeste Versand und E-Book stationär neu erfinden wer liest ist und das Buch ist gut das Buch das Buch ...«

Harry glotzt mich an. Wir stehen gleichzeitig auf und gehen los. Bis zum Ausgang sind es bestimmt zwanzig Meter. Zwanzig Meter gleich zwanzig Thesen. Als wir

draußen sind, bleiben wir wie auf Kommando stehen. Ratlos scharren wir mit den Füßen im Schotter.
Ich schlage vor, zur Bahnstation zu gehen, damit ich die Karten einwerfen kann.

»Wir haben wieder kein Zimmer«, sagt Harry sehr sachlich und schaut dabei in die Ferne.
»Das kennen wir schon.«
»Aber nicht auf dem Gipfel des Brocken. Schau dich um, das ist eine Granitwüste mit etwas stoppeligem Grün. Kein Schutz. Nachts wird es kalt, richtig kalt, meine ich.«
»Ist ja noch eine Weile hell.«
»Das macht die Sache nicht besser.«
»Ich habe Hunger.«
»Heißt das, du willst da noch mal rein?«
»Es gibt nichts anderes«, sage ich und deute auf das Schild an der Bahnhofsgaststätte, die wegen Umbau geschlossen hat. »Nur kurz. Bratkartoffeln, ein Bier.«
»Bier«, sagt er und scheint überzeugt.
Wir lassen uns Zeit und schlendern einmal um die Kuppe herum. Als wir die Brockenhalle betreten, hat laut Plakat die Parallelphase begonnen. In den vier Ecken laufen zeitgleich vier Powerpointpräsentationen: PC, Tablet und Smartphone. Wie präsentiere ich mich als Autor? Das Drehbuch mitgedacht. Thema, Plot, Figuren. Heiße Eisen? Nur wenn sie kalt sind! Wie man einen Bestseller schreibt. Wir setzen uns mit unseren Bratkartoffeln und Bierflaschen genau in die Mitte und blenden den Vortragston aus. Doch direkt neben uns wird geflüstert. Flüstern zieht die Neugierde magisch an. Harry neigt sich sogar ein wenig zur Seite. Das dort, höre ich, und als ich mich kurz umdrehe, sehe ich, wie eine Frau quer durch den Saal auf einen

netten beleibten Herren deutet, das ist Liehpherz. Der Liehpherz? Ja. Ist doch jetzt Professor. Ach! Sein Thema war die Kunst des Lebens als Kitsch. Ist das nicht ... aber klar, das ist Klaus Beumann, mit seinem unehelichen Sohn. Fünfzig Jahre, das große Geheimnis und jetzt gemeinsam auf Deutschlandtournee. Da hinten sitzt Patzig, der Literaturberserker. Hatte ich mir anders vorgestellt. War der nicht ... Aber auf der Bühne ist ... Kennst du den? Wen? Den! Sieht gut aus. Ach, das ist Apitz, eingebildet, erfolglos. Aber da, schau mal da! Renate Tintenbrot, die Grande Dame des Liebesromans. Ihre Poetik-Dozentur hat mir die Augen geöffnet. Über einen zeitgemäßen Realismus. Dargestellt wird keine heile, sondern eine heilbare Welt. Am Anfang geht es den Figuren noch schlecht: Scheidung, Schulden, Krebs. Aber am Ende ist alles gut. Ich geh mal kurz Hallo sagen, tschüüüss!
Mit dem zweiten Ohr hören wir auch was: Weißt du, dass Lena bei einem großen Verlag gelandet ist? Weil, hat ihre Lektorin gesagt, weil ihr Selbstmarketing sie so überzeugt hat.
Das erste Ohr meldet sich wieder, schräg hinten, links, acht Uhr, zwei Männer im fortgeschrittenen Alter: Literatur ist mehr als das Handwerk des Schreibens. Du sagst es, dennoch war die Aufwertung trivialer Formen eine Notwendigkeit, genau wie die Abwertung der Interpretation. Genau, eine Maßnahme zur Demokratisierung des Literaturbetriebs und seine Ausrichtung auf den Leser. Nicht zu vergessen der Wegfall von Tabus und Moral, die Zunahme von Identifikation gleichzeitiger Reduktion von Reflexion und Kritik. Nur so kann die Literatur zwischen Text und Leser in einem unendlichen Zirkel kreisen. Eine Voraussetzung der neuen Erfolge, die Konzentration auf Emotio-

nen und ihre Bewirtschaftung. Jetzt wird wieder erzählt. Nur leider ist dabei die Quintessenz der Moderne, das reflexive Ich, etwas grau geworden. Wer glaubt, diese Subjektivität literarisch aussortieren zu können, muss wissen, was der Preis ist.

Auf dem zweiten Ohr wird es plötzlich spannend und die Spannung spitzt sich in einem einzigen Satz zu: Dein Gedicht über den Grottenolm, einfach unglaublich.

Wer schreibt, wird gleichzeitig auch immer geschrieben, denke ich und dann sind da wieder zwei Sätze aus der Vergangenheit: Die Schwermut der Vergeblichkeit lässt ihn den Sinn beobachten in der Substanz eines anderen Menschen. Denn der Mensch sei etwas wert unter all den trostlosen Substanzen.

Harry schaut mich amüsiert an. Seine Laune ist bestens. Was so ein paar Schlucke Bier ausmachen. Er grinst, als würde er vor Vergnügen gleich platzen. Ein paar junge Dichterinnen und Dichter schreiben eine Liste mit Wörtern, die man nicht mehr verwenden kann, oder darf.

»Wenn die nur nicht so schön wären,« stöhnt Harry, während schon die nächsten Satzfetzen um unserem Tisch flattern: Was einer Landschaft aufliegt, darunter Tage, Implosionen, ein Brennglas, die Jugend, Anna und Otto normal, ratlos vor Kunst, blähen sich auf, die selbstgenügsamen Zeichen, die nur auf ihr Zustandekommen verweisen.

»Wer sind die?«, fragt Harry und deutet mit seiner Bierflasche in eine Ecke, in der ein vornehm gedeckter Tisch steht, mit einer Lampe darüber, die goldenes Licht verströmt, wo ein Mann und eine Frau in eine kleine Kamera reden.

»Die Influencer Bar und Thorn.«

»Grippe?«
»Kritik, oder so ähnlich.«
»Aha.«
Er nimmt einen ordentlichen Schluck aus der Pulle, und ich lege noch ein Schippe drauf, um mal ordentlich Kante zu zeigen. Zumindest ein Stück weit.
»Literatur«, sage ich, »ist ein Produkt.«
Auf dem rechten Ohr, Richtung Mitte, drei Uhr: »Ich habe für meine wissenschaftlichen Arbeiten eine Professur an der Erdogan-Universität angeboten bekommen. Doppeltes Gehalt und zwei Frauen.« Von halb links: »Der Leser will, der Leser versteht, der Leser ist gewohnt, der Leser erwartet.«
»Müsste man eine Literatur«, fragt Harry plötzlich ganz ernst, »die sich hauptsächlich am Leser orientiert, nicht als populistisch bezeichnen?«
Direkt vor uns hocken drei graue Herren. Der erste mit Schlapphut, der zweite mit Trenchcoat und der dritte unrasiert, als hätten sie in ihrem Leben schon viele Abenteuer bestanden. Das Gespräch torkelt um die leeren Flaschen auf ihrem Tisch, schaukelt sich hoch, wird immer wilder und lauter und unüberhörbar.
»Der Grimmi«, hebt der Schlapphut in einem sonoren Bass an, schon ziemlich lall und lull: »In erster Linie natüllich der Polzeitriller iss ... eine Welterklärungsmaschine. Jawoll!« Er steht auf, stützt sich auf dem Tisch ab, weil er sonst umkippen würde und trötet aus vollem Hals in den Raum: »Versthst du Schorli, verstehst du das Säger. Nur im Grimmi ... im Grimmi lernt man, man lernt was im Grimmi ... die Gesellschaft.« Er reißt sich zusammen. »An ihren wildesten Schittpunkten ... an ihren ungeordne ... ihren ungeordnessten Momenten.« Er muss sich kurz fo-

kussieren. »Und«, fährt er mit gesenkter Stimme fort, »die Pozzisten und wir, wir gehn mit der Wünschelrute da rein, ins Innerste des Taifuns der Gesellschaft ... und ihrer Entwicklung.« Er fällt zurück auf seinen Stuhl wie ein nasser Sack.

Harry schaut mich beglückt an. »Metaphern!«

Schorli, der Trenchcoat, klopft dem Schlapphut auf die Schulter, nickt, trinkt einen ordentlichen Schluck von seinem Rotwein, stellt den Zeigefinger in den Raum und artikuliert für seinen Zustand beängstigend deutlich: »Der Kriminalroman verspricht am ehesten, was wir von Literatur im Allgemeinen und vom Leben im Besonderen erwarten: Spannung. Er hat die Genregrenzen längst verlassen, ist heute der Gesellschaftsroman. Nebenbei hat er dem aus der Mode gekommenen Heimatroman zu neuer Blüte verholfen.«

»Jawoll«, trompetet der Schlapphut: »Spannung!«

»Die Medien«, mischt sich der Unrasierte ein, »die Medien und die Presse schütten die Welt zu mit ihren News, statt einen Blick auf sie zu ermöglichen. Leute, das müssen wir, wir müssen das wegräumen, ja, wegräumen müssen wir das.«

Der Schlapphut fängt vor lauter Konzentration an zu schielen. »Der Grimmi is Welterklärungsmanschine. Jawoll! ... die Nachrichten erklären einem nich mehr und die Zeitungen auch nich ...«

»Dafür«, poltert ihm Schorli ins Wort, »braucht es vielschichtige, komplexe Erzählungen. Wir brauchen den Vergleich mit García Márquez nicht zu scheuen.«

»Jawoll! Und Prost.« Der Schlapphut hebt sein Glas, schwenkt es und pladdert den Wein über den Tisch.

Schorli setzt einen beleidigten Ausdruck auf und haut mit

der Faust auf den Tisch: »Noch immer erachten die meisten Literaturkritiker Langeweile als ein entscheidendes ästhetisches Merkmal. Wie die schlechten Deutschlehrer, die den Kindern mit Wilhelm Tell und Michael Kohlhaas die Freude am Lesen austreiben.«
Als hätte ihn ein Blitz getroffen, schaut Harry mich an, öffnet den Mund, um laut zu widersprechen. Aber da legt der Abenteurer los: »Maulhelden, lahme Dichter. Ich hasse diese Flaneure nicht, die immer alle Preise kriegen, so sensibel, so anämische Tränensäcke, die Subventionen einheimsen, die nicht arbeiten wollen, die sich nicht an die dreckigen Orte begeben, wo du Bisse und Küsse nur schwer unterscheiden kannst. Euer Gott ist tot, ihr traumloses Gesindel, ihr formlosen Stammler. Wir sind das Maß ...«
»Jawoll!«
»Es lebe die Unterhaltung!«
»Es lebe das Fernsehen!«
»Es lebe der Realismus!«
»Es lebe die Kohle!«
Harry nimmt sein Bier, steht auf und setzt sich an einen weit entfernten Tisch. Ich gehe hinterher. Hier wehen nur noch ab und zu ein paar Wortfetzen herüber.
»Ich kann es nicht ausstehen, wenn jemand Küsse und Bisse nicht unterscheiden kann.«
Jetzt schaue ich ihn mal mit diesem Spockblick an und ziehe probeweise eine Augenbraue nach oben. »Die sind doch total knülle. Nüchtern würden sie so was nie sagen.«
Er winkt ab.
»Präreflexiv«, sage ich schnell.
»Die Verherrlichung von Polizeispitzeln und Überwachungstechnologie?«
»Infantil«, versuche ich es erneut.

»Schiller, Tell, Verbrecher aus verlorener Ehre, Pitaval, Kohlhaas, das Recht, nein die Pflicht des Einzelnen, ungesetzliche Handlungen der Obrigkeit zurückzuweisen. Spannender geht es doch gar nicht.« Harry verstummt. Zum ersten Mal sehe ich Resignation auf seinem Gesicht.
»Komm, lass uns gehen!«
»Ja«, antwortet er. »Ins Offene, Freund.«

Siehst du, den Mond?

Als wir ins Freie treten, habe ich das Gefühl, als dehne ich mich aus. Als hätte in der Brockenhalle ein höherer Druck geherrscht. Der Mond steht schon im Westen. Keine Wolke, keine Gewitter, ein Himmel, so kahl wie die Freiheit. Das Mondlicht ist ein Geheimnis. Wir gehen abwärts und biegen bei der ersten Gelegenheit in den Wald ein. Der Brocken und wir. Es ist so still, wie es kalt ist. Die Nacht ein Traum. Ein Felsenmeer. Wir klettern über die Steine. Kein Plan, keine Richtung. Gehen, klettern und schweigen. Und plötzlich, ein Schatten, massiv, mitten im Wald. Eine Hütte.
Wir schleichen uns an. Erstaunlich groß. Wir schleichen um die Hütte herum. Alt. Die Fensterläden verrammelt. Eine Veranda und ordentlich gestapeltes Brennholz.
»Ski-Hütte«, mutmaße ich.
»Stasi«, sagt Harry.
»Ski-Hütte für Stasi«, lenke ich ein.
»Jagdhütte«, verbessert er mich. »Das Privileg der Herrschenden.«
Ich rolle die Schlafsäcke aus. Harry hat Reisig gesammelt. Er legt vier Holzscheite ins Schwarz der Feuerstelle,

schichtet Reisig darauf, ein paar größere Splitter, und krönt das Ganze mit einem einzelnen Scheit. Schon bald tanzt das Feuer. Entfesselte Dämonen aus Erde, Wasser und Luft werfen ihre Schatten auf unsere Gesichter.

»Es ist seltsam, Harry«, sage ich, »mit zwanzig wusste ich genau, was ich wollte und was nicht. Klar und deutlich. Dann habe ich einen Beruf gelernt, studiert, gearbeitet.«

»Trübselige Erkenntnis, aber ein sicheres Zeichen dafür, dass du okay bist. Solange ...«

Wir lauschen.

In der Nacht bekommen Geräusche Gestalten.

»Ja?«

»... solange du nicht wieder versuchst, jung zu sein.«

Hört man im Wald den Wind oder im Wind den Wald?

»Ich weiß jetzt, was mich an Heine anzieht. Lange habe ich es nicht genau sagen können. Das Wintermärchen, wann habe ich das zum ersten Mal gelesen? Anfang Zwanzig. Dieser Ton, diese Geschmeidigkeit, diese Ironie und diese perfekte Verachtung. In der Harzreise ist Heine einfach noch jung, respektlos, diffus. Aber sein Lebensthema ist schon zu erkennen. Wenn du frei sein willst, musst du ungehorsam sein. Und Ungehorsam beschwört immer Sanktionen herauf. Denken und Urteilen ist etwas Reales. Es reicht oft schon, wenn man nein sagt.«

»Und? Zu was sagen wir nein?«

»Ich habe mich immer angepasst. Das große Risiko bin ich nie eingegangen.«

»Kann ja noch kommen.«

»Hm.«

»Ich glaube, du denkst schon viel freier, als du lebst.«

Wir schweigen und schauen in den Himmel.

»Los Harry, ein Duett!«, sage ich.

An manchen Tagen
an manchen Tagen
siehst du
den Mond
völlig neu
und
endlich
endlich schläfst du
ohne Decke
ohne Decke
über dem Kopf
über dem Kopf
nur
die Sterne

6.

Ein Geruch von Feuer und Wald

Am Morgen höre ich den Wald in all seinen Einzelheiten. Ich rieche wie ein Köhler. Mein Thema, denke ich, hat sich entwickelt. Harry kommt nackt und pfeifend aus dem Wald.
»Da hinten ... ein kleiner Teich, na, eher eine große Pfütze. Zum Wachwerden ... genial.«
Warum nicht. Ich krabbele aus dem Schlafsack. Der Himmel ist blau. Ich fühle mich frei. Das Wasser steht in einem hausgroßen Felsen wie in einer Wanne. Ich ziehe mich aus. Die Luft ist kalt und das Wasser noch kälter. Ich tauche ein. Die Kälte füllt mich mit Klarheit. Ein Gefühl, als würde ich schweben.

Ilse, Ilse

Wir packen. Beim Gehen rütteln sich durch den Rhythmus der Schritte ein paar Sätze zusammen: Kopfüber hängen die Kronen der Bäume ins Blau. Verwoben fühlt man sich kostbar an so einem Tag, viel zu schade zum Schreiben. Äste, die sich im Brustkorb verzweigen. Die Luft ein Versprechen. Die Berge mit ihrem Regen und ihrem rieselnden Wasser. Abwärts komme ich leichter voran.
Harry sieht nachdenklich aus. »Diejenigen«, sagt er, »die ein Teil der Maschine sind, sind unvergleichlich mehr, als diejenigen, die frei in der Welt leben. Aber man muss nicht

alles, was der, der ein Teil der Maschine ist, sagt, für wahr halten. Denn er wird mit der Notwendigkeit argumentieren.«

»Aber wie kann ich gegen Notwendigkeit argumentieren?«

»Indem du sie leugnest.«

»Und womit fange ich an?«

Er lächelt und legt mir die Hand auf die Schulter.

Wir. Wir gehen.

Steine
Steine und Moos

Moos
Moos und Bäume

Steine
Steine und Bäume

Steine und Bäume und Moos
und eine Quelle

Die Luft wie poliert, der Himmel ein zerbrechliches Blau. Alle Umrisse scharf, die Welt ist aus Glas. Der Tag eine Ordnung, deren Sinn ich nicht mehr durchschaue. Lieblich rauscht das unterirdische Gewässer, nur hier und da blinkt es und endlich springt eine kleine Welle entschlossen hervor. Ein Bächlein, das in unzähligen Wasserfällen und in wunderlichen Windungen das Bergtal hinabrauscht. Um uns herum gluckert es und von den Hängen echot das Gluckern vielstimmig zurück. Wasser wird, wenn man es

länger betrachtet, unbegreiflich. Das war Nebel, Regen und Schnee. Dass daraus so was Geschmeidiges wird, so eine Gewalt, die auf ihrem Weg nach unten alles umspült, verschiebt, mitreißt, und dabei murmelt, flüstert und grollt. Gibt es, um das Geräusch von Wasser zu beschreiben, noch etwas anderes als Bilder, die aus ihm etwas Lebendiges machen? Dieses Gluck-Gluck und Schipitschpitsch, dieses tiefe Uupuup und Tschipu. Wasser, das auf fließendes Wasser fällt, klingt anders, als Wasser, das auf stehendes Wasser fällt. Je tiefer das Wasser, desto dumpfer der Klang. Da reicht meine Sprache nicht aus.
Der Sand auf dem Grund der Ilse glitzert in der Sonne.
Ich gehe und staune.

Tief hat sich der Fluss in das Tal eingeschnitten. Betäubt vom Rauschen der Wasserfälle trödeln wir am Ufer entlang, bis Harry so abrupt stehen bleibt, dass ich auflaufe.
»Was?«
»Falsche Seite.«
Ich verstehe nicht, was er meint.
»Da drüben scheint die Sonne.«
»Mir macht Schatten nichts aus.«
Er nickt und deutet auf einen mannsdicken Baumstamm, der quer über dem Fluss liegt. Fünf, sechs Meter über dem um die Felsen tosenden Wasser.
Ich schaue Harry kopfschüttelnd an.
»Nicht nötig.«
Er grinst.
»Muss echt nicht sein«, sage ich.
»Wer mit der Notwendigkeit argumentiert ...«
Seine Handbewegung deutet an, dass er mir den Vortritt lässt. Eine zweifelhafte Ehre. Aber was solls. Zehn, viel-

leicht fünfzehn Meter. Ich ruckele mir den Rucksack zurecht. Vorsichtig setze ich den Fuß auf das Holz des gewaltigen Baumstamms. Ohne Rinde glänzt er nackt in der Sonne. Dicke Äste stehen in alle Richtungen ab. Ein Spaziergang. Der Baum liegt vertrauensvoll fest auf den Rändern der Schlucht. Ich gehe und der Stamm scheint mit jedem Schritt dünner zu werden. Nur etwas, aber dieses Etwas summiert sich. In der Mitte der Schlucht zwischen den letzten Ästen bleibe ich stehen. Muss mich mal konzentrieren. Fing so gut an. Zurück kann ich nicht. Wie soll ich hier wenden? Wenn ich nach unten schaue, scheint sich der Baum flussauf zu bewegen. Und, dreht er sich nicht? Tanzen nicht der Himmel und die Bäume um mich herum? Ich bleibe lieber noch etwas stehen. Ich warte, atme, hebe den Blick und fixiere die andere Seite. Äste gibt es jetzt gar keine mehr. Unter mir stürzt die schäumende und gurgelnde und gar nicht mehr so liebliche Ilse durch eine mit Felsen gepflasterte Schlucht. Wie bin ich hierhergekommen? Auf einen von Wind und Wetter gebohnerten Baumstamm? Das sah doch gar nicht so hoch aus. Also gut! Einen Fuß sicher belasten, den anderen vorsichtig vorschieben. Locker bleiben. Bei all dem Wasser und Granit. Verlagern, schieben, stopp! Nicht sonderlich elegant, denke ich. Auch nicht wirklich sicher. Ich versuche es mit einem richtigen Schritt. Schritt und Schwung und Schritt und Schritt und Schritt und Schritt. Ich stehe auf der anderen Seite. Ich reiße die Arme nach oben und drehe mich jubelnd um. Aber da ist niemand. Harry ist weg.

Der Weg wird flacher, die Schlucht breiter. Hier das eiserne Kreuz auf dem Felsen. Dort hat der Borkenkäfer ganze Arbeit geleistet. Es ist noch früh am Tag, die Sonne

hat kaum die Hälfte ihres Weges zurückgelegt und ich weiß nicht, ob es schon an der Zeit ist, dass die Ironie aufhört und die Sentimentalität anfängt.
Freudig blitzen die Fensterscheiben der Häuser. Ilsenburg ist ein luftiges Städtchen und seine Schönheit rührt daher, dass der Ort die Ilse verinnerlicht hat. Überall Wasser. Teiche, Bäche, Kanäle, es plätschert und rauscht. Ich sitze in der Sonne. Hier habe ich schon mal gesessen. Ich erinnere mich. Habe ich bei dieser Frau vor mehr als zwanzig Jahren schon mal einen Kaffee bestellt? Sie war jung und ich noch nicht alt. Was ist in der Zwischenzeit passiert? Aus den offenen Fenstern klingt Musik und zieht durch die Straße. Es ist vorbei. Schneeweiße Wolken im Blau. Im Juni ist der Himmel schon groß. Man könnte darüber schreiben. Kann es aber auch lassen. Über dem Berg geht der Vollmond auf. Blass verfolgt er die Sonne. Harry ist weg. Hab ihn flussauf und flussabwärts gesucht. Was würde er denken, über das, was ich denke?
Vielleicht wäre es besser, alles hinter sich zu lassen. Der Schlüssel für die Erklärung der Welt liegt nicht unter der Fußmatte. Was hat man nicht alles. Dinge, die einen besitzen. Die Musik fließt um mich herum wie die Zeit. Es ist vorbei. Es ist vorbei bei Junimond, es ist vorbei.
Bye bye.

Danksagung an:

Astrid und Jancu
Jonnie und Christoph
Lea und Simone
Erik, Heiko und Lothar
Harry und Ivo

Weitere Bücher im Lothar Seidler Verlag

Frank Barsch
Alles denkbare Licht
Reiseerzählungen

Entspanntes Licht, Nachsaison. Der Oleander blüht und der Schatten trägt Früchte. Mit dem Sommer kann man ihr eine Freude bereiten.
Geschichten im Rhythmus des Unterwegsseins: ein Fluss aus Beobachtungen, Erlebnissen, Gefühlen und Gedanken.

Die Italien-Texte halten locker leichtfüßig den Vergleich mit jüngst erschienen Werken von Durs Grünbein und Ingo Schulze aus. Franz Schneider, *RNZ*

Allgemeine Reihe
978-3-931382-50-6 / € 12,80

Frank Barsch
Das Warten an Ampeln
Poetage

Drei Streifengedichte und eine Poetage aus dem Hier und Jetzt, durchweg realistisch der Zeit entnommen. Zum Wiederfinden und neu Entdecken. Dem großen Transrealisten Olaf Bilius gewidmet.

Allgemeine Reihe
978-3-931382-60-5 / € 14,80

Jancu Sinca
Der Untermieter
Eine Novelle

Manuel studiert und wohnt zur Untermiete. Als er den Ein-druck gewinnt, dass seine Freundin mit dem Wohnungs-inhaber eine Beziehung hat, gerät er in eine Krise und wechselt schließlich den Studienort. Während der Semesterferien arbeitet er dort als Nachtwächter in einem geheimnisvollen Gebäude, wo er seltsame Beobachtungen macht.

Neue Weißschwarze Reihe
978-3-931382-61-2 / € 11,80

Sven Iwertowski
Zimmerflucht
Fraktale Prosa im Gothic Stil

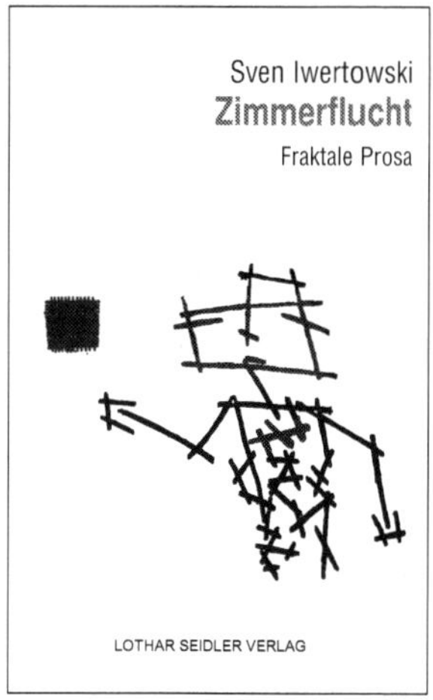

Zimmerflucht spiegelt die menschliche Gesellschaft in der literarischen Form des 21. Jahrhunderts. Eine Anstalt, die ihre Insassen umsorgt wie eine böse Mutter. Der Besucher wird durch Geisteskrankheiten geführt, die ihm vertraut und doch völlig unverständlich erscheinen. Mit jedem Patienten, mit jeder Erfahrung lernt der namenlose Besucher mehr über sich, bis er das Prinzip der Anstalt zu verstehen scheint. Dieses Buch soll beunruhigen.

Neue Weißschwarze Reihe
978-3-931382-42-1 / € 13,80